Baptismus-Dokumentation 1

AF285425

Baptistische Archivalien aus den Gebieten östlich von Oder und Neiße in genealogischen und staatlichen Archiven

Armin Weist

Oncken-Archiv Elstal

Baptismus-Dokumentation 1
Schriftenreihe
herausgegeben vom Oncken-Archiv
des Bundes Evangelisch-Freikirchlicher Gemeinden in Deutschland K.d.ö.R.

Redaktionelle Bearbeitung:
Reinhard Assmann, Ines Pieper

Nach der vom Autor 2. überarbeiteten und erweiterten Fassung von 2004
© Oncken-Archiv des BEFG, Elstal 2011
Johann-Gerhard-Oncken-Str. 5, 14641 Wustermark
Tel. 033234 74-280, onckenarchiv@baptisten.de
3. Auflage 2019
Herstellung und Verlag: Books on Demand GmbH, Norderstedt
ISBN: 978-3-844-81208-4

Vorwort zur Schriftenreihe

Den Archiven kommt in unserer schnelllebigen Zeit eine besondere Verantwortung zu. Sie sind das „Gedächtnis" der Gesellschaft und bewahren ihre wichtigsten Zeugnisse. Das „Gedächtnis" des Bundes Evangelisch-Freikirchlicher Gemeinden in Deutschland und seiner Vorläufer ist das Oncken-Archiv in Elstal. Hier sind Dokumente zur Geschichte des deutschen Baptismus, beginnend mit der Gründung der ersten deutschen Baptistengemeinde 1834 in Hamburg durch Johann Gerhard Oncken, sowie zum Leben und Wirken baptistischer Generationen, überliefert.

Zu den Beständen des Oncken-Archivs gehören neben persönlichen Nachlässen, Handakten, Statistiken und Gemeindechroniken auch Unterlagen der Werke, Einrichtungen, Gremien und Verwaltung des Bundes Evangelisch-Freikirchlicher Gemeinden in Deutschland (BEFG), desgleichen aus der Ära der DDR. Die Archivbibliothek umfasst zudem Literatur zu Geschichte, Lehre und Praxis des Baptismus und zum Puritanismus. Archivalische Sammlungen, beispielsweise Zeitschriften, Bilder, Tonträger, Zeitungsausschnitte, Plakate, Themensammlungen, unveröffentlichte Manuskripte, ergänzen die Bestände.

Die Erschließung der Bestände steckt derzeit noch in den Kinderschuhen. Archivalische Findhilfsmittel, wie Bestände-Übersichten und Verzeichnisse, sind für die Archivbenutzer zum Auffinden von enthaltenen Informationen unabdingbar. So gab das umfangreiche Archivmaterial den Anlass zu der Idee, Quellen und Materialien in einer Schriftenreihe zu veröffentlichen und sie für öffentliche, wissenschaftliche und private Zwecke zur Verfügung zu stellen. Die Herausgeber verfolgen mit der Schriftenreihe „Baptismus-Dokumentation" das Ziel, zu weiterführenden Forschungen anzuregen und den Archivbenutzern praktische Hilfe zu liefern.

Mit dieser Ausgabe erscheint der erste Band. Er beinhaltet *„Baptistische Archivalien aus den Gebieten östlich von Oder und Neiße in genealogischen und staatlichen Archiven"*, die von Armin Weist zusammengestellt wurden.

Die vorgesehenen weiteren Ausgaben der Schriftenreihe berücksichtigen neben Verzeichnissen und Bibliographien auch Manuskripte, Lebensberichte, Gedenkveranstaltungen, Tagungen, Abhandlungen zu baptistischen Themen und Aktionen sowie andere Quellen.

Ein besonderer Dank gilt dem früheren Bundesarchivar Hans-Volker Sadlack, der wichtige Impulse für die Konzeption dieser Reihe beisteuerte, sowie dem BEFG für die Förderung zur Umsetzung des Projektes.

Die Herausgeber hoffen, dass die Schriftenreihe interessierte Aufnahme und Verbreitung findet und Anregung gibt zu weiteren Forschungen im Oncken-Archiv.

Elstal, im Dezember 2011

Ines Pieper
Leiterin des Oncken-Archivs

Inhalt

Vorwort zum Autor

Armin Weist wurde 1949 als drittes Kind des Predigers Herbert Weist und seiner Frau Kläre Weist in Dresden geboren. Nach der Übersiedlung der Familie nach Berlin absolvierte er eine Lehre als Bankkaufmann. Sein anschließendes Finanzökonomie-Studium führte ihn zu einer Tätigkeit im wirtschaftlichen Bereich des Deutschen Fernsehfunks.

Bereits frühzeitig wuchs Armin Weists Interesse an genealogischen Forschungen, insbesondere zu der weit verzweigten Nachkommenschaft seines Urgroßvaters, des baptistischen Missionars Carl Wilhelm Weist (1822–1903) in Ostpreußen. Dieser war lange Jahre Prediger der Baptistengemeinde Stolzenburg (Kreis Heiligenbeil) und unternahm von dort ausgedehnte Missionsreisen u.a. nach Polen, Russland und in die Baltenstaaten.

Schon bald führten die familiären Nachforschungen zwangsläufig auch zu Recherchen nach den Akten der von Carl Wilhelm Weist betreuten Gemeinden und darüber hinaus. Aus diesem Grundstock wurde das vorliegende Archivverzeichnis entwickelt.

Genealogische Forschungen konnten in der Zeit der DDR nur unter großen Schwierigkeiten und sehr eingeschränkt erfolgen, meist nur durch Einsicht in Kirchenbücher, die nur selten vollständig vorhanden waren. So gründete Armin Weist im Jahr 1986 mit einigen Mitstreitern unter dem "schützenden" Dach des DDR-Kulturbundes die "Interessengemeinschaft Genealogie". Dadurch ergaben sich, gerade in der DDR-Zeit, oft günstigere Ausgangspositionen für Quellenforschungen im In- und besonders im Ausland. Die Interessengemeinschaft hat auch nach der deutschen Vereinigung ihre Arbeit fortgesetzt und kann in diesem Jahr auf ihr 25-jähriges Bestehen zurückblicken.

Armin Weist hatte die ersten Vorbereitungen für die Schriftenreihe Baptismus-Dokumentation interessiert mitverfolgt und bereits 2004 sein Manuskript zur Verfügung gestellt. Sein Tod im Jahr 2005 setzte leider seinen Forschungsprojekten ein viel zu frühes Ende.

Der vorliegende Text ist im Wesentlichen in der letzten vom Autor korrigierten Fassung und Form belassen worden. Auch der Titel der Schrift stammt von ihm. Hinweise auf die nicht mehr vorhandene Webseite des Autors wurden gelöscht.

Ein besonderer Dank gilt Wilfried Weist, dem Bruder von Armin Weist, für alle hilfreichen Informationen und Hinweise.

Reinhard Assmann

1. Einführung

Bei familienkundlichen Recherchen stößt man gelegentlich auf Hinweise, dass nichtbaptistische Archive Unterlagen bestehender oder früherer Baptistengemeinden in ihren Beständen führen. Diese Feststellung wurde zum Anlass genommen, in den Katalogen dreier für den deutschen Sprachraum bedeutender genealogischer Archive nach weiteren derartigen Beständen zu forschen.

Es handelt sich um
- die **Deutsche Zentralstelle für Genealogie, Leipzig** (DZfG)
- das **Evangelische Zentralarchiv in Berlin** (EZA)
- die **Genealogical Library of the Church of Jesus Christ of Latter-Day Saints**, **Salt Lake City, Utah, USA** (LDS) (Genealogische Bibliothek der *Kirche Jesu Christi der Heiligen der Letzten Tage* [Mormonen]).

Die Forschungen orientierten sich zunächst auf **die heute zu Polen, zur Russischen Föderation (Kaliningrader Gebiet) und zu Litauen (Memelgebiet) gehörenden preußischen Regionen**, die nach den Festlegungen des Versailler Vertrages von 1919 und des Potsdamer Abkommens von 1945 im Osten vom deutschen Staatsgebiet abgetrennt wurden. Deshalb wurden in die Nachforschungen auch die **polnischen staatlichen Archive** einbezogen.

Nur soweit es sich von der Quellenlage her anbot, waren Baptistengemeinden in **Ost-, Mittel- und Südosteuropa** einschließlich **deutschsprachiger Siedlungsgebiete im Ausland** Gegenstand der Recherchen. Im beschränkten Umfang wurde auch **das heutige deutsche Staatsgebiet** berücksichtigt.

Ausgangspunkt waren die Jahrbücher 1917 und 1938 des deutschen Baptistenbundes[1] und die darin aufgeführten Gemeinden der
- *Brandenburgischen Vereinigung* (nur deren östlicher Teil, die Neumark),
- *Ostpreußischen Vereinigung*,
- *Pommerschen Vereinigung* (nur deren östlicher Teil, Hinterpommern),
- *Schlesischen Vereinigung* (mit Ausnahme des Gebiets westlich der Lausitzer Neiße)
- *Westpreußischen Vereinigung*.

Ferner wurden die Gemeinden der
- *Posen-Pommerellischen Vereinigung*

---

[1] „Jahrbuch des Bundes der Baptistengemeinden in Deutschland", Oncken Verlag Kassel.

einbezogen, die in den Jahrbüchern 1923 bis 1933 verzeichnet sind. Diese Vereinigung umfasste ab 1923 – nach Trennung von den im Deutschen Reich verbliebenen westpreußischen Gemeinden – die deutschsprachigen Baptistengemeinden in den nach dem 1. Weltkrieg zu Polen gekommenen Gebietsteilen Westpreußens und der vormaligen preußischen Provinz Posen (sogenannter „Polnischer Korridor"); die *Posen-Pommerellische Vereinigung* gehörte zunächst weiterhin zum deutschen Baptistenbund.

Mit dieser Vorgehensweise konnten sowohl die Situation vor der Abtrennung von Gebietsteilen nach dem 1. Weltkrieg als auch Veränderungen bis zum Beginn des 2. Weltkrieges Berücksichtigung finden. Nicht erfasst wurden hierdurch zunächst solche Gemeinden, die sich bereits vor 1917 aufgelöst, umbenannt oder mit einer anderen Gemeinde zusammengeschlossen hatten. Um diese Lücke zu schließen, wurden zusätzlich die Gemeinden in die Untersuchung einbezogen, die bei Donat[2] genannt werden, aber in den o.g. Jahrbüchern nicht mehr aufgeführt sind.

Für einige **polnische** Gemeinden im Gebiet des bis 1918 russisch beherrschten Landesteils („Kongreß-Polen") wurden Archivbestände zunächst mit Hilfe der Website der *Society for German Genealogy in Eastern Europe (SGGEE)* festgestellt. Anhand des LDS-Bestandskatalogs erfolgte eine Überprüfung und Ergänzung der Angaben. Darüber hinaus wurde dieser Katalog daraufhin durchgesehen, ob für die deutschsprachigen Baptistengemeinden auf polnischem Gebiet, die in verschiedenen Jahrbüchern des Bundes[3] genannt werden, Archivbestände verzeichnet sind. Diese Untersuchung erbrachte keine weiteren Resultate.

Erfolgreicher verlief die Suche nach Archivalien in den **polnischen Staatsarchiven**, so dass diese den größten Anteil an den Ergebnissen dieser Untersuchung bilden. Die Funde betreffen allerdings vorwiegend polnische Gemeinden bzw. den polnischen Baptismus. Die Recherchen stützen sich auf einen durch das *Deutsche Historische Institut, Warschau* erarbeiteten Archivführer, der die Bestände polnischer Staatsarchive zur *Geschichte des Protestantismus* für den Zeitraum von 1517 bis 1965 beinhaltet, *Bestandsverzeichnisse der polnischen Staatsarchive* in Gdansk und Wroclaw sowie ein *Verzeichnis aller in den polnischen Staatsarchiven vorhandenen Kirchenbücher und Personenstandsunterlagen*, das die Generaldirektion der staatlichen Archive Polens im Jahr 1998 herausgegeben hat. In einem Fall, der die

---

[2] Rudolf Donat: Das wachsende Werk. Ausbreitung der deutschen Baptistengemeinden durch sechzig Jahre (1849 bis 1909). Oncken Kassel 1960.

[3] „Jahrbuch des Bundes der Baptistengemeinden in Deutschland", Oncken Kassel 1917–1919, 1923–1931, 1933, 1938; berücksichtigt wurden auch die Gemeinden der Posen-Pommerellischen Vereinigung des Deutschen Bundes, die nach dem Versailler Vertrag außerhalb der Reichsgrenzen lagen.

Baptistengemeinde in Löwen (Niederschlesien) betrifft, wurden Ergebnisse einer privaten Recherche im Staatsarchiv Opole einbezogen.

Im Hinblick auf die Bestände der DZfG wurden auch die dort verzeichneten Archivalien aus den übrigen – westlich von Oder und Lausitzer Neiße gelegenen – Gebieten des Deutschen Reichs[4] sowie aus deutschen Siedlungsgebieten im Ausland (Bessarabien, Bukowina, Estland, Lettland, Litauen, Siebenbürgen, Sudetengebiet, Slowenien und Südtirol) in die Recherchen einbezogen. Diese führten zu keinen Ergebnissen – mit Ausnahme einer Verfilmung von Gemeindeakten der ersten **Berliner Baptistengemeinde**.

Im LDS-Archiv wurde durch stichwortbezogene Recherchen nur ein weiterer Fund festgestellt, der eine Baptistengemeinde auf dem heutigen Gebiet der BRD betrifft (Ihren, Kreis Leer, Niedersachsen). Von größerer Bedeutung erscheinen jedoch acht Filmrollen, die aus dem *Deutschen Zentralarchiv,* dem späteren *Zentralarchiv der DDR* stammen und **Dokumente des deutschen Baptismus aus dem Zeitraum von 1840 bis 1896** beinhalten.

Für das *Evangelische Zentralarchiv* und das *LDS-Archiv* konnte der jeweils aktuelle Stand zugrunde gelegt werden, da die Bestandskataloge im Internet zugänglich sind. Die Bestände der *Deutschen Zentralstelle für Genealogie* wurden anhand der gedruckten Bestandsverzeichnisse ausgewertet, da noch kein Internetzugang zu den dortigen Katalogen möglich ist. Es kann jedoch davon ausgegangen werden, dass dort keine weiteren baptistischen Archivalien vorhanden sind.

Für die DZfG wie für das EZA sind künftige Neuzugänge unwahrscheinlich. Hinsichtlich des LDS-Archivs ist zu berücksichtigen, dass die Mormonen ihre Verfilmungsarbeit permanent weiterbetreiben und ständig neue Bestände erschlossen werden. Abfragen im Katalog können daher durchaus zu neuen Funden führen.

Ohne Ergebnis blieb bisher die Suche im LDS-Archiv nach Baptistengemeinden in Polen, Litauen, Kurland[5], Livland[6], Lettland, der Tschechoslowakei, Rumänien und Jugoslawien, soweit sie in den vorstehend genannten Jahrbüchern des Bundes aufgeführt sind. Durch Stichwortrecherche konnten dagegen Akten einiger Gemeinden in der **Ukraine**, in **Russland** und in **Ungarn** ermittelt werden, die hier der Vollständigkeit halber dokumentiert werden.

[4] Das heutige Staatsgebiet der BRD zuzüglich der durch den Versailler Vertrag im Norden und Westen abgetrennten Gebiete Elsaß-Lothringens (F), Nordschleswigs (DK) und der Region Eupen-Malmedy (B).
[5] Historische Landschaft im Westen Lettlands.
[6] Historische Landschaft im Baltikum, heute zwischen Estland und Lettland aufgeteilt.

Das politische Geschehen der letzten 200 Jahre war im mittelosteuropäischen Raum für die beteiligten Staaten und Völker, insbesondere aber für die polnische Region, mit vielfachen Gebiets- und Grenzveränderungen verknüpft. Die Entwicklung, die zum Staatsgebiet der heutigen Republik Polen führte, soll im Abschnitt 4 durch eine Karte veranschaulicht werden. Kurze Erläuterungen zu den betroffenen Territorien sowie Hinweise auf im Internet abrufbares aktuelles und historisches Kartenmaterial ergänzen diese Informationen.

Mit dieser Publikation soll das Ergebnis der bisherigen Recherchen vorgelegt werden, um den aktuellen Stand zu dokumentieren, die vorhandenen Kenntnisse zu sichern, sie anderweitig zugänglich zu machen und künftige Doppelarbeiten zu vermeiden. Vielleicht kann diese Arbeit aber nicht nur Anlass für die Einsichtnahme in die verzeichneten Dokumente, sondern auch Anstoß für weitergehende Untersuchungen werden.

So wäre zu recherchieren, welche Unterlagen sich heute im Staatsarchiv des Kaliningrader Gebiets[7] befinden, da die polnischen Archive nur wenige Akten aus dem nördlichen Teil des früheren Ostpreußen verwahren. Die zum Ende des 2. Weltkrieges nach Westen verlagerten Bestände des früheren Staatsarchivs Königsberg/Pr., die sich heute im *Geheimen Staatsarchiv Preußischer Kulturbesitz* in Berlin-Dahlem befinden, umfassen im Wesentlichen den Zeitraum vom Ende des 12. Jahrhunderts bis Mitte des 19. Jahrhunderts. Aus der Zeit zwischen 1850 und 1945 sind nur wenige Dokumente überliefert, so dass dort kaum den Baptismus betreffende Archivalien vorliegen dürften.

Für genealogische Forschungen wäre von Bedeutung, inwieweit weitere Unterlagen staatlicher Stellen – im allgemeinen der Amtsgerichte – vorhanden sind, bei denen bis zur Errichtung der Standesämter (in Preußen 1874, im übrigen Reichsgebiet 1876) die Geburten, Eheschließungen und Todesfälle der „Juden und Dissidenten" – mithin auch der Baptisten – beurkundet wurden[8]. Soweit solche Akten bei den Recherchen festgestellt wurden, sind sie in diesem Text dokumentiert.

---

[7] Государственный архив Калининградской области, ул. Комсомольская 32, 23600 Калининград, Калининградская область, Российская Федерация (Gosudarstvennij archiv Kaliningradskoj oblasti, ul. Komsomolskaja 32, 23600 Kaliningrad, Russ. Föderation, Telefon: 007-0112-21 98 28).
[8] Als Ausgangspunkt weiterer Recherchen könnten herangezogen werden:
- Eduard Grigoleit: Verzeichnis der ostpreußischen und Danziger Kirchenbücher sowie der Dissidenten- und Judenregister, C.A.Starke Görlitz 1939, 120 Seiten, auch als Fiches im LDS-Archiv: 2 Mikrofiches 6053517;
- Eduard Grigoleit: Neues Verzeichnis ostpreußischer Kirchenbücher sowie der vor 1874 angelegten Personenstandsregister, Selbstverlag Ailringen Kr. Künzelsau 1958, 57 Seiten, auch als Mikrofilm im LDS-Archiv: Film 1045344 Item 2.

Trotz allen Bemühens um Sorgfalt können Irrtümer sowie inhaltliche oder technische Fehler bei der Erarbeitung dieses Textes nicht ausgeschlossen werden. Für entsprechende Korrekturhinweise, aber auch für anderweitige Informationen und Ergänzungen ist der Verfasser[9] stets dankbar.

Armin Weist
Berlin, März 2004

---

[9] Heute: dle Herausgeber.

2. Archive und Quellen

2.1. Deutsche Zentralstelle für Genealogie, Leipzig (DZfG)
Abteilung des Sächsischen Staatsarchivs
Schongauer Straße 1
04329 Leipzig

Telefon: (0341) 2 55 55 51
Fax: (0341) 2 55 55 55
Website: http://www.genealogienetz.de/reg/DEU/dzfg-de.html

Die *Deutsche Zentralstelle für Genealogie* wurde am 1. Oktober 1967 als *Zentralstelle für Genealogie in der DDR* gegründet, um die damals auf dem Gebiet der DDR im staatlichen Bereich vorhandenen genealogischen Sammlungen zu konzentrieren und für Forschungszwecke bereitzustellen. Sie war der *Staatlichen Archivverwaltung* zugeordnet, die dem Ministerium des Innern unterstand. Seit dem Jahr 2000 ist diese Einrichtung eine Abteilung des Sächsischen Staatsarchivs.

Zu den genealogisch bedeutsamen Beständen gehören die „Ahnenstammkartei des deutschen Volkes" (früher geführt von der *Deutschen Ahnengemeinschaft – Sitz Dresden)* mit etwa 1,4 Millionen erfassten Personen, 7000 Ahnenlisten, der „Gesamtkatalog deutscher Leichenpredigten- und Personalschriftensammlungen" (etwa 100.000 Karteikarten, angelegt vom damaligen Verein *Roland* in Dresden) sowie das Archiv der 1904 in Leipzig gegründeten *Zentralstelle für deutsche Personen- und Familiengeschichte.*

Die DZfG verfügt über eine umfangreiche Sammlung von Kirchenbüchern aus allen Teilen Deutschlands und aus deutschen Siedlungsgebieten im europäischen Ausland, die rund 16.500 Kleinbildfilme kopierter Kirchenbücher, etwa 1.400 Originalkirchenbücher sowie ca. 2.500 analoger Kopiebände umfasst. Die Filmkopien sind das Resultat der Tätigkeit der früheren *Reichsstelle für Sippenforschung* (ab 1940 *Reichssippenamt*). Da die im früheren Ostpreußen befindlichen Quellen bereits im 1. Weltkrieg durch Kriegseinwirkungen teilweise oder gänzlich vernichtet wurden, wurden hier bereits ab 1934 flächendeckend fotografische Arbeiten eingeleitet. Zielsetzung der Reichsstelle war nur in zweiter Linie der Schriftdenkmalschutz. An erster Stelle stand die Durchsetzung einer auf „rassische" Gesichtspunkte orientierten Bevölkerungspolitik. Hierbei bildeten die Kirchenbücher die wichtigste quellenmäßige Basis zur Durchsetzung der *Nürnberger Rassengesetze*, des *Gesetzes zur Wiederherstellung des Berufsbeamtentums* und des *Reichserbhofgesetzes.* Weshalb aus dem Bereich der Baptistengemeinden ausschließlich von der Königsberger Gemeinde eine Verfilmung durch die *Reichsstelle für Sippenforschung* vorliegt, ist wahrscheinlich nicht mehr zu klären.

Bestandsverzeichnisse:

Printversion: Bestandsverzeichnis der Deutschen Zentralstelle für Genealogie Leipzig

Teil I: Die Kirchenbuchunterlagen der östlichen Provinzen Posen, Ost- und Westpreußen, Pommern und Schlesien
2. Auflage 1994, Degener & Co., Neustadt/Aisch

Teil II: Die archivalischen und Kirchenbuchunterlagen deutscher Siedlungsgebiete im Ausland – Bessarabien, Bukowina, Estland, Lettland und Litauen, Siebenbürgen, Sudetenland, Slowenien und Südtirol
1. Auflage 1992, Degener & Co., Neustadt/Aisch, Nachdruck 2002

Teil III: Die Kirchenbuchunterlagen der Länder und Provinzen des Deutschen Reiches (mit Ausnahme der östlichen Provinzen Preußens)
1. Auflage 1994, Degener & Co., Neustadt/Aisch

Onlineversion: noch nicht verfügbar

Öffnungszeiten:

Montag	08.00–16.00 Uhr
Dienstag	08.00–16.00 Uhr
Mittwoch	08.00–18.00 Uhr
Donnerstag	08.00–18.00 Uhr
Freitag	08.00–13.00 Uhr

Archivalien-, Bücher- und Filmausgabe:
Montag bis Freitag 08.00–13.00 Uhr

Kosten: Die direkte Benutzung ist kostenlos.

Hinweis: Die DZfG ist an die Fernleihe der Bibliotheken angeschlossen.

2.2. Evangelisches Zentralarchiv Berlin (EZA)

Bethaniendamm 29
10997 Berlin

Telefon: (030) 22 50 45 20
E-Mail: archiv@ezab.de oder kirchenbuchstelle@ezab.de
Website: http://www.ezab.de

Das *Evangelische Zentralarchiv Berlin* wurde 1979 als gemeinsames Archiv der *Evangelischen Kirche in Deutschland* und der *Evangelischen Kirche der Union – Bereich Bundesrepublik und Berlin West –* (EKU) errichtet. Die zuvor bei der Kirchenkanzlei der EKU bestehende „Ostdeutsche Kirchenbuchstelle" als einzige Sammel- und Lagerstelle in der BRD und Berlin (West) für evangelische Kirchenbücher aus den ehemaligen östlichen Provinzen wurde hierbei in das EZA eingegliedert. Vorgänger der „Ostdeutschen Kirchenbuchstelle" war von 1946 bis 1957 das „Kirchenbuchamt für den Osten beim Archivamt der Evangelischen Kirche in Deutschland (EKD)".

Im EZA werden heute etwa 7.000 Kirchenbücher evangelischer Kirchengemeinden aus den ehemaligen östlichen Kirchenprovinzen der *Evangelischen Kirche der altpreußischen Union* verwahrt. Der größte Teil der Kirchenbücher stammt aus den Gemeinden der früheren Provinzen Ost- und Westpreußen, dazu kommen einzelne Bücher aus den Provinzen Posen und Schlesien. Als geschlossener Bestand liegen die Stettiner Kirchenbücher vor.

Daneben befinden sich im EZA Reproduktionen der Kirchenbücher evangelischer Kirchengemeinden, die 1874 zum Berliner Stadtgebiet gehörten. Der Bestand ist erschlossen durch eine Kartei sämtlicher Taufen seit 1750; für Trauungen sind Generalregister für die Zeit von 1583 bis 1874 angelegt, desgleichen für Bestattungen für die Zeit von 1800 bis 1874.

Neben den zivilen Kirchenbüchern verwahrt das EZA 640 Militärkirchenbücher der ehemaligen preußischen Armee.

Bestandsverzeichnisse:

Printversion: Verzeichnis der Kirchenbücher im Evangelischen Zentralarchiv in Berlin,

Teil I: Die östlichen Kirchenprovinzen der Evangelischen Kirche der altpreußischen Union, 3. Auflage Berlin 1992

Teil II: Alt Berlin

Onlineversion:	bisher nur für Teil I http://www.ezab.de/d/bframe.html

Öffnungszeiten:
Montag	09.00–16.00 Uhr
Dienstag	09.00–16.00 Uhr
Mittwoch	09.00–16.00 Uhr
Donnerstag	09.00–16.00 Uhr
Freitag	09.00–14.00 Uhr

Ausgabe von Archivalien: Montag bis Freitag 09.00–12.00 Uhr

Hinweise: Es ist ratsam, vorab einen Termin mit Angabe der gewünschten Archivalien zu vereinbaren. Eine Reservierung von Arbeitsplätzen und – bei verfilmten Dokumenten von Lesegeräten – ist unbedingt erforderlich. Reservierte Plätze werden nur eine Stunde freigehalten. Die Platzreservierungen werden jeweils dienstags von 09.00 bis 12.00 Uhr und von 13.00 bis 15.00 Uhr telefonisch (030 22 50 45 20) oder per E-Mail (reservierung@ezab.de) für den laufenden und den darauffolgenden Monat entgegengenommen.

Kosten: Benutzung von Archivgut in den Diensträumen für private Zwecke: 5,00 Euro je Benutzertag. Weitere Kosten sind der Website zu entnehmen.

2.3. Genealogical Library of The Church of Jesus Christ of Latter-Day-Saints (LDS)

35 North West Temple Street
Salt Lake City, Utah, 84150-3400
USA

Website: http://www.familysearch.org

Berliner Außenstelle: Kirche Jesu Christi der Heiligen der Letzten Tage
Genealogie-Forschungsstelle Berlin
Klingelhöferstr. 24
10785 Berlin

Telefon: (030) 25 79 43 36
E-Mail: Genealogie@PfahlBerlin.de

Die Anschriften aller Genealogie-Forschungsstellen in Deutschland können hier herunter geladen werden: http://www.kirche-jesu-christi.org/dl/forschungsstellen.pdf

Das Archiv der Mormonen ist die weltweit umfangreichste und bedeutendste Sammlung genealogischer Quellen. Nach eigenen Angaben umfasst die Sammlung die Daten von mehr als einer Milliarde Menschen. Sie besteht aus mehr als 17 Millionen Unterlagen auf rund 2 Millionen Mikrofilmen. Jährlich kommen ca. 60.000 Filmrollen hinzu. Diese werden zumeist durch ein ausgedehntes Mikroverfilmungsprogramm erworben, das bereits 1938 eingeführt wurde. In vielen Ländern sind Aufnahmeteams unterwegs, um durch Verfilmungen in Pfarrämtern, Kirchenbuchstellen, Gerichten und unterschiedlichsten Archiven den Bestand an personenbezogenen Daten ständig zu erweitern. Die Primärkopien sowie Originaldokumente werden in riesigen Gewölben in den in der Nähe von Salt Lake City gelegenen Granitbergen 200 Meter tief unter gewachsenem Felsen aufbewahrt.

Hintergrund dieser exzessiven Datensammlung ist die Verpflichtung jedes Gemeindemitglieds, eine möglichst weitgehende Liste der Vorfahren aufzustellen, um für die darin verzeichneten Personen in einem Tempel stellvertretend die Taufe und andere „Verordnungen" zugunsten der verstorbenen Ahnen an sich vollziehen zu lassen[10].

Bestandsverzeichnis: Family History Library Catalog

Onlineversion: http://www.familysearch.org/eng/Library/FHLC/frameset_fhlc.asp

Öffnungszeiten der Berliner Außenstelle:

Mittwoch	10.00–20.00
Donnerstag	14.00–20.00
Freitag	16.00–20.00
Sonnabend	09.00–13.00

Parkmöglichkeiten auf dem Hof (Einfahrt rechts des Gemeindezentrums)

Hinweise Soweit man die Filmnummern nicht selbst online bereits ermittelt hat, kann dieses in der Forschungsstelle über den online-Katalog bzw. mittels CD-ROM geschehen.
Die gewünschten Filme sind zu bestellen, nach deren Eintreffen wird der Besteller benachrichtigt. Die Filme können dann mit Hilfe der in der Forschungsstelle vorhandenen Lesegeräte eingesehen werden. Für die Nutzung dieser Geräte ist eine Terminvereinbarung erforderlich.

---

[10] Unter Bezugnahme auf 1. Kor. 15, 29.

Die Ausleihdauer beträgt im Allgemeinen drei Monate, kann jedoch auch abweichend hiervon festgelegt sein.

Kosten: Für die Beschaffung und Bereitstellung werden je Mikrofilm 5,00 Euro für die gesamte Ausleihdauer berechnet.
Die Benutzung der Lesegeräte und anderer technischer Einrichtungen ist kostenlos.

2.4. Polnische staatliche Archive (AP)

Die polnischen staatlichen Archive setzen sich
- aus drei Zentralarchiven *(Archiwum Glówne Akt Dawnych, Archiwum Akt Nowych* und *Archiwum Dokumentacji Mechanicznej,* alle in Warschau),
- 29 Staatsarchiven *(Archivum Panstwowe)*
- sowie weiteren 62 Abteilungen *(oddzialy)* und Außenstellen *(ekspozytury)* dieser Staatsarchive
zusammen, denen jeweils regionale Einzugsgebiete zugewiesen sind.

Allgemeine Informationen zum polnischen Archivwesen (Verwaltungsstruktur, Angaben zu den einzelnen Archiven) sind über die Generaldirektion der Staatlichen Archive Polens zu erhalten:

Centralny Osrodek Informacji Archiwalnej
ul. dluga 6, skr.poczt.1005
00-950 Warszawa
Telefon: 0048-22- 831 32 06, -831 32 08
Fax: 0048-22- 81 75 63, -831 92 22
E-Mail: ndap@archiwa.gov.pl
Website: http://archiwa.gov.pl

Anfragen in deutscher Sprache sind möglich, die Benutzung der Landessprache wird aber wahrscheinlich eine schnellere Antwort bewirken.

Zur Benutzung der staatlichen Archive Polens ist die Erlaubnis des jeweiligen Archivleiters erforderlich. Für bestimmte Archivbestände ist darüber hinaus die Genehmigung des Generaldirektors der Staatlichen Archive Polens unter folgender Anschrift schriftlich einzuholen:

Naczelny Dyrektor Archiwów Panstwowych
ul. dluga 6
00-950 Warszawa

In Zweifelsfällen empfiehlt es sich, beim zuständigen Archiv zuvor anzufragen, ob die gewünschten Bestände dieser Genehmigungspflicht unterliegen.

Einige Arten von Recherchen, beispielsweise für genealogische Zwecke, sind kostenpflichtig. Die Nutzung zu wissenschaftlichen Zwecken ist kostenfrei.

Die Generaldirektion der Staatlichen Archive Polens hat 1998 ein **Verzeichnis des Bestandes aller Kirchenbücher und Personenstandsunterlagen**[11] herausgegeben, das hier für die Ermittlung derartiger Bestände herangezogen wurde.

Im Folgenden sind nur die Archive aufgeführt, in denen Archivalien verzeichnet sind, die Baptistengemeinden bzw. den Baptismus betreffen oder entsprechende Zusammenhänge vermuten lassen (Archivbestände zu Dissidenten, Sekten u.ä.). Die alphabetische Reihenfolge richtet sich nach den Standorten der Archivbestände, nicht nach dem Hauptsitz des jeweiligen Archivs. Auf Angaben zu den Öffnungszeiten wird hier verzichtet, da diese über die oben genannte Website der Generaldirektion sowie die Websites der Archive abrufbar sind. Beachtet werden sollte, dass in den meisten polnischen Archiven die Benutzerzeiten in den Monaten Juli und August verkürzt sind, in der Regel werden die Archive während einer Sommerpause geschlossen.

Bydgoszcz Archiwum Panstwowe w Bydgoszczy /
Staatsarchiv Bydgoczsz (Bromberg)
85-009 Bydgoszcz
ul. Dworcowa 65
Telefon: 0048-52-3 22 96 76
E-Mail: dz.info@archiwum.bydgoszcz.pl
Website: http://www.bydgoszcz.ap.gov.pl

---

[11] Ksiegi metrykalne i stanu cywilnego w archiwach panstwowych w Polsce, Herausgeber: Naczelne Dyrekcja Archiwow Panstwowych Opracowala Anna Laszuk, Warszawa 1998, ISBN 83-86643-57-9.

Elblag
Archiwum Panstwowe w Elblagu (z siedziba w Malborku) /
Staatsarchiv Elblag (Elbing) mit Sitz in Malbork (Marienburg)
82-200 Malbork, skr. Poczt. 94
ul. Staroscinska 1

Telefon:	0048-55-2 72 33 64
Fax:	0048-55-2 72 24 56
E-Mail:	archmal@box43.gnet.pl
Website:	http://archiwa.gov.pl/mapa/elblag.html

Gdańsk
Archiwum Panstwowe w Gdansku / Staatsarchiv Gdansk (Danzig)
80-958 Gdańsk, skr. poczt. 401
ul. Waly Piastowskie 5

Telefon:	0048-58-3 01 74 63, 3 01 74 64
Fax:	0048-58-3 01 83 66
E-Mail:	apgda@gdansk.ap.gov.pl
Website:	http://www.gdansk.ap.gov.pl

Góra Kalwaria
Archiwum Panstwowe m.st. Warszawy, Oddzial w Górze Kalwarii /
Staatsarchiv der Hauptstadt Warschau, Abteilung in Góra Kalwaria
05-530 Góra Kalwaria
ul. Ks. Z. Sajny 1

Telefon/Fax:	0048-22-7 57 31 49
E-Mail:	apw.gorakalwaria@interia.pl
Website	http://warszawa.ap.gov.pl

Gorzów Wielkopolski
Archiwum Panstwowe w Szczecinie, Oddzial w Gorzowie Wlkp. /
Staatsarchiv Szczecin (Stettin),
Abteilung in Gorzów Wlkp. (Landsberg a.d. Warthe)
66-400 Gorzów Wlkp.
Ul. Grottgera 24/25

Telefon/Fax:	0048-95-7 22 79 68
E-Mail:	-
Website:	http://www.szczecin.ap.gov.pl

Jelenia Góra Archiwum Panstwowe we Wroclawiu, Oddzial w Jeleniej Górze /
Staatsarchiv Wroclaw (Breslau), Abteilung in Jelenia Góra (Hirschberg)
58-500 Jelenia Góra
ul. Podwale 27
Telefon/Fax: 0048-75-7 52 42 08
E-Mail: jgora@ap.wroc.pl
Website: http://www.ap.wroc.pl/strony/jgora/jgora.htm

Kalisz Archiwum Panstwowe w Kaliszu / Staatsarchiv Kalisz
62-800 Kalisz
ul. Zlota 43
Telefon/Fax: 0048-62-7 57 35 91
E-Mail: apkalisz@wp.pl
Website: http://archiwa.gov.pl/mapa/kalisz.html

Katowice Archiwum Panstwowe w Katowicach / Staatsarchiv Katowice (Kattowitz)
40-145 Katowice 33, skr. poczt 1
ul. Józefowska 104
Telefon: 0048-32-2 04 10 41
Fax: 0048-32-2 04 32 96
E-Mail: apkat@interia.pl
Website: http://archiwa.gov.pl/mapa/katowice.html

Kielce Archiwum Panstwowe w Kielcach / Staatsarchiv Kielce
25-953 Kielce
ul. Warszawska 17
Telefon: 0048-41-3 68 10 69
Fax: 0048-41-3 44 38 20
E-Mail: kancelaria@kielce.ap.gov.pl
Website: http://www.kielce.ap.gov.pl

Konin Archiwum Panstwowe w Poznaniu, Oddzial w Koninie /
Staatsarchiv Poznan (Posen), Abteilung in Konin
62-500 Konin
ul. 3 Maja 78
Telefon: 0048-63-2 42 92 77
E-Mail: appok54@poczta.onet.pl
Website: http://archiwa.gov.pl/mapa/poznan.html

Koszalin   Archivum Panstwowe w Koszalinie / Staatsarchiv Koszalin (Köslin)
                75-950 Koszalin, skr. Poczt. 149
                ul. Marii Sklodowskej-Curie 2
Telefon: 0048-94-3 42 26 22
E-Mail: apk3@polbox.com
Website: http://archiwa.gov.pl/mapa/koszalin.html

Kutno   Archiwum Panstwowe w Plocku, Oddzial w Kutnie /
                Staatsarchiv Plock, Abteilung in Kutno
                99-300 Kutno
                ul. Zamkowa 4
Telefon: 0048-24-2 53 39 81
E-Mail: ap_kutno@plock.com
Website: http://www.archiwum.plock.com

Łódź   Archiwum Panstwowe w Łódźi / Staatsarchiv Łódź
                90-950 Łódź
                pl. Wolnosci 1
Telefon: 0048-42-6 32 62 01
Fax: 0048-42-6 32 02 11
E-Mail: kancelaria@archiwum.lodz.pl
Website: http://www.archplodz.infocentrum.com

Lublin   Archiwum Panstwowe w Lublinie / Staatsarchiv Lublin
                20-950 Lublin, skr. poczt. 113
                ul. Jezuicka 13
Telefon: 0048-81-5 32 80 71, 5 32 80 72
Fax: 0048-81-5 32 35 37
E-Mail: kanc@lublin.ap.gov.pl
Website: http://www.lublin.ap.gov.pl

Mlawa   Archiwum Panstwowe m.st. Warszawy, Oddzial w Mlawie /
                Staatsarchiv der Hauptstadt Warschau, Abteilung in Mlawa
                06-500 Mlawa
                ul. Narutowicza 3
Telefon: 0048-23-6 54 33 09
E-Mail: apw.mlawa@interia.pl
Website: http://warszawa.ap.gov.pl

Olsztyn   Archiwum Panstwowe w Olsztynie / Staatsarchiv Olsztyn (Allenstein)
                     10-520 Olsztyn
                     ul. Partyzantów 18
Telefon: 0048-89-5 27 60 96
Fax: 0048-89-5 35 92 72
E-Mail: olsztyn@archiwa.gov.pl
Website: http://archiwa.gov.pl/olsztyn

Opole   Archiwum Panstwowe w Opolu / Staatsarchiv Opole (Oppeln)
                     45-016 Opole, skr. poczt. 356
                     ul. Zamkowa 2
Telefon: 0048-77-4 54 40 75, 4 54 40 76
Fax: 0048-77-4 54 21 12
E-Mail: sekretariat@archiwum.opole.pl
Website: http://www.archiwum.opole.pl

Otwock   Archiwum Panstwowe m.st. Warszawy, Oddzial w Otwocku /
                     Staatsarchiv der Hauptstadt Warschau, Abteilung in Otwock
                     05-400 Otwock
                     ul. Górna 7
Telefon: 0048-22-7 79 38 71
E-Mail: apw.otwock@interia.pl
Website: http://warszawa.ap.gov.pl

Pabianice   Archiwum Panstwowe w Lodzi, Oddzial w Pabianicach /
                     Staatsarchiv Lodz, Abteilung in Pabianice
                     95-200 Pabianice
                     ul. Gdanska 6
Telefon: 0048-42-2 15 38 38
E-Mail: kancelaria@archiwum.lodz.pl
Website: http://www.archplodz.infocentrum.com

Piotrków Trybunalski

	Archiwum Panstwowe w Piotrkowie Trybunalskim /
	Staatsarchiv Piotrków Trybunalski
	97-300 Piotrków Trybunalski
	ul. Torunska 4
Telefon/Fax:	0048-44-6 49 69 71
E-Mail:	archiwumpiotrkow@poczta.fm
Website:	http://www.piotrkow-tryb.ap.gov.pl

Plock

	Archiwum Panstwowe w Plocku / Staatsarchiv Plock
	09-400 Plock
	ul. Kazimierza Wielkiego 9b
Telefon/Fax:	0048–24-2 62 24 91
E-Mail:	archiwum@plock.com
Website:	http://www.archiwum.plock.com

Poznan

	Archiwum Panstwowe w Poznaniu / Staatsarchiv Poznan (Posen)
	60-967 Poznan, skr.poczt. 546
	ul. 23 lutego 41/43
Telefon:	0048-61-8 52 46 01, 8 52 46 02, 8 52 46 03
Fax:	0048-61-8 52 05 36
E-Mail:	archiwumpoznan@a4.pl
Website:	http://archiwa.gov.pl/mapa/poznan.html

Szczecin

	Archiwum Panstwowe w Szczecinie / Staatsarchiv Szczecin (Stettin)
	70-410 Szczecin
	ul. Sw. Wojciecha 13
Telefon:	0048-91-4 33 50 02, -4 33 50 19
Fax:	0048-91-4 34 38 96
Website:	http://www.szczecin.ap.gov.pl

Torun

	Archiwum Panstwowe w Toruniu / Staatsarchiv Torun (Thorn)
Oddzial I	87-100 Torun
(bis Ende 18. Jh.)	Pl. Rapackiego 4
Telefon:	0048-56-6 22 47 54
Fax:	0048-56-6 21 01 29
E-Mail:	aptorun@poczta.onet.pl

Odzzial II	87-100 Torun
(19.–21. Jh.)	ul. Idzikowskiego 1
Telefon:	0048-56-6 54 84 41
E-Mail:	apflisak@poczta.onet.pl
Website:	http://www.torun.ap.gov.pl

Warszawa (AGAD)

	Archiwum Glówne Akt Dawnych / Hauptarchiv Alter Akten
	00-263 Warszawa
	ul. Dluga 7
Telefon:	0048-22-8 31 54 91, -8 31 54 92, -8 31 54 93
Fax:	0048-22-8 31 16 08
E-Mail:	archagad.@poczta.onet.pl
Website:	http://archiwa.gov.pl/AGAD

Warszawa (AAN)

	Archiwum Akt Nowych / Archiv Neuer Akten
	02-103 Warszawa
	ul. Hankiewicza 1
Telefon:	0048-22-8 22 52 45, -8 22 90 53
Fax:	0048-22-8 23 00 42
E-Mail:	sekretariat@aan.pl
Website:	http://www.aan.pl

Warszawa (ADM)

	Archiwum Dokumentacji Mechanicznej /
	Archiv für mechanische Dokumentation (Film- und Fotoarchiv)
	02-103 Warszawa
	ul. Hankiewicza 1
Telefon:	0048-22-8 22 25 32
E-Mail:	admpatek@post.pl
Website:	http://www.admech.of.pl

Warszawa (AP)

	Archiwum Panstwowe m.st. Warszawy /
	Staatsarchiv der Hauptstadt Warschau
	00-270 Warszawa
	ul. Krzywe Kolo 7
Telefon:	0048-22-8 31 18 03, -8 31 00 46, -6 35 92 42, -6 35 92 43
E-Mail:	archiwum@warszawa.ap.gov.pl
Website:	http://warszawa.ap.gov.pl

Włocławek

	Archiwum Panstwowe w Toruniu, Oddzial w Wloclawku /
	Staatsarchiv Torun (Thorn), Abteilung in Wloclawek
	87-800 Włocławek
	Str. ul. Ks. Skorupki 4
Telefon/Fax:	0048-56-2 32 28 57
E-Mail:	apwloclawek@poczta.onet.pl
Website:	http://www.torun.ap.gov.pl/de.htm

Wrocław

	Archiwum Panstwowe we Wroclawiu / Staatsarchiv Wroclaw (Breslau)
	50-215 Wroclaw
	ul. Pomorska 2
Telefon/Fax:	0048-71-3 28 21 01, -3 28 83 95
Fax:	0048-71-3 28 80 45
Website:	http://www.ap.wroc.pl

2.5. Deutsches Historisches Institut Warschau (DHI) Niemicke Instytut Historyczny w Warsawie

	Palaz Karnickich
	Aleje Ujazdowskie 39
	00-540 Warszawa
Telefon:	0048-22-5 25 83 00, 5 25 83 02
Fax:	0048-22-5 25 83 37
E-Mail:	dhi@dhi.waw.pl
Website:	http://www.dhi.waw.pl

Das *Deutsche Historische Institut Warschau / Niemicke Instytut Historyczny w Warsawie* wurde 1993 gegründet. Es gehört zur bundesunmittelbaren Stiftung „Deutsche Geisteswissenschaftliche Institute im Ausland" mit Sitz in Bonn und hat die Aufgabe, die deutsch-polnischen Beziehungen, insbesondere auch deren gesellschaftliche Aspekte, Fragen der vergleichenden Geschichte Deutschlands und Polens sowie der Historiographie zu erforschen. Darüber hinaus veröffentlicht das DHI Forschungsergebnisse, Quellen zu den deutsch-polnischen Beziehungen und historische Studien in deutscher bzw. polnischer Übersetzung. Zu den Tätigkeitsfeldern des Instituts gehören ebenfalls die Erteilung von Auskünften und die Vermittlung wissenschaftlicher Kontakte, vornehmlich zwischen Polen und Deutschland, aber auch zu wissenschaftlichen Einrichtungen anderer Staaten.

Die Recherchen in Bezug auf Baptismus und Baptistengemeinden stützen sich im Wesentlichen auf ein 1999 abgeschlossenes Projekt des Instituts, in dessen Ergebnis ein Archivführer geschaffen wurde, der die *„Archivalien zum Protestantismus in polnischen Staatsarchiven"* für den Zeitraum von 1517 bis 1965 auf der Basis der vorhandenen Findmittel verzeichnet. Nach den Bearbeitungsgrundsätzen des DHI wurden *„unter dem Begriff ‚Protestantismus' ... all diejenigen Konfessionen subsumiert, die im Gefolge der Reformation entstanden und sich zur Festlegung ihrer Lehre auf das Evangelium berufen (also auch Mennoniten, Baptisten, Zeugen Jehovas usw.)."*[12]

Der Archivführer beinhaltet nicht die in den Staatsarchiven **Wrocław** (Breslau) und **Gdańsk** (Danzig) aufbewahrten Bestände, da hierfür Bestandsverzeichnisse in gedruckter Form vorliegen. Zur Feststellung dieser Bestände wurden die durch das damalige *Bundesinstitut für ostdeutsche Kultur und Geschichte* (seit 2001 *Bundesinstitut für Kultur und Geschichte der Deutschen im östlichen Europa,* Oldenburg) herausgegebenen Publikationen[13] ausgewertet.

---

[12] Siehe Website des DHI: http://www.dhi.waw.pl/vorwort.htm.

[13] Archiwum Panstwowe w Wrocławiu. Przewodnik po zasobie archiwalnym do 1945 roku, Wrocław 1996. Deutsche Ausgabe: Staatsarchiv Breslau – Wegweiser durch die Bestände bis zum Jahr 1945, München 1996, 480 S., (Schriften des Bundesinstituts für ostdeutsche Kultur und Geschichte, Band 9), ISBN 3-486-56045-X, 39,80 €;
Archiwum Panstwowe we Gdańsku. Przewodnik po zasobie do 1945 roku, Łodz 1992. Deutsche Ausgabe: Staatsarchiv Danzig – Wegweiser durch die Bestände bis zum Jahr 1945, München 2000, 721 S., (Schriften des Bundesinstituts für ostdeutsche Kultur und Geschichte, Band 16), ISBN 3-486-56503-6, 49,80 €.

3. Ermittelte Archivbestände

3.1. Ordnungskriterien und allgemeine Hinweise

Die ermittelten Archivalien sind nicht nach Orten oder Baptistengemeinden geordnet, da sie oftmals eine Region bzw. mehrere Orte betreffen oder nicht nach territorialen Kriterien klassifiziert werden können.

Die **Reihenfolge** orientiert sich an den vorstehend aufgeführten Archiven, für die folgende **Abkürzungen** verwendet werden:

DZfG	Deutsche Zentralstelle für Genealogie,
EZA	Evangelisches Zentralarchiv Berlin,
LDS	Genealogical Library LDS [Mormonen],
AP	Polnische Staatsarchive.
DHI	Deutsches Historisches Institut, Warschau

Für die polnischen Archive ist der *Standort* der Akten (ggf. die zutreffende Abteilung oder Außenstelle eines Staatsarchivs), nicht der Hauptsitz des betreffenden Staatsarchivs maßgebend. Sofern das gleiche Objekt in mehreren Archiven vorhanden ist, wird hierauf jeweils bei den anderen Verzeichnungen hingewiesen.

Zum schnelleren Auffinden sind die Begriffe **Baptist, Baptismus, baptistisch** in allen sprachlichen Formen und Zusammensetzungen in der pdf-Fassung **rot** hervorgehoben.

Die **heutigen Bezeichnungen früherer deutscher Orte** können dem **Ortsregister** entnommen werden, das in alphabetischer Folge sowohl die fremdsprachige als auch die deutsche Ortsbezeichnung aufweist und gegenüberstellt.

Angaben in **eckigen Klammern** geben die **Provenienz** der Archivalien an. Diese sind bei Beständen der polnischen Staatsarchive in der Regel in polnischer und deutscher Sprache angegeben. Die Sprache, in der die Bestände verzeichnet sind, lässt keine Rückschlüsse auf die Sprache zu, in der die Archivalien vorliegen. Die Verzeichnung folgt dem Gebrauch der Findbücher.

Aus den Archivsignaturen ist die genutzte Quelle ableitbar.

SYGN. ...	Archivführer des DHI
nr inwent...	Archivführer des DHI
APG ... / ...)	Gedrucktes Bestandsverzeichnis des polnischen *Ordnungsnummer*

APW ... / ...)   Staatsarchivs Gdansk bzw. Wroclaw   *Ordnungsnummer*
AS ...   )   *Archivsignatur*
alt ...   )   *Alt-Archivsignatur*
... / ... / ...   Bestandsverzeichnis aller Kirchenbücher und
                  Personenstandsunterlagen der polnischen Staatsarchive

Zwischen den Signaturen des DHI-Archivführers und denen des Bestandsverzeichnisses konnte kein Zusammenhang festgestellt werden, obwohl es sich oftmals um identische Bestände handelt. Daher werden diese Archivalien nochmals gesondert aufgeführt. Sofern der letzten Ziffer der Registriernummer ein Stern (*) angehängt ist, sind diese Akten nur teilweise zugänglich, zwei Sterne (**) verweisen darauf, dass die Akten nicht zugänglich sind.

Die Signaturen **APG** und **APW** geben die Ordnungsnummer in den gedruckten Bestandsverzeichnissen der Staatarchive Gdansk bzw. Wroclaw an und stehen in keinem Zusammenhang mit den Signaturen der Staatsarchive. Beim Staatsarchiv Gdansk bezieht sich die linke Zifferngruppe auf die deutschsprachige, die rechte auf die polnischsprachige Ausgabe des Bestandsverzeichnisses. Sofern die Archivalien verfilmt vorliegen, wurden die Nummern der Mikrofilme vermerkt. Darunter werden die Bestandssignaturen der Archive (**AS**) und ggf. Altsignaturen (**alt**) angegeben.

Die Verzeichnisse der Archive Gdansk und Wroclaw entsprechen nicht der inhaltlich detaillierteren Darstellung des DHI-Archivführers, sondern führen nur größere Archiveinheiten auf. Aus diesem Grund wurden in die nachstehende Bestandsübersicht auch Archivalien aufgenommen, die keinen eindeutigen Zusammenhang mit dem Baptismus belegen, einen solchen aber nahelegen (Stichworte „Sekten", „Wiedertäufer"). Dokumente allgemeiner kirchlicher Art (Stichworte „Kirchen- und Schulangelegenheiten", „Konfessionsangelegenheiten" u.ä.) wurden nicht erfasst.

Bisherige Erkenntnisse lassen die Schlussfolgerung zu, dass weitere Bestände, die den Baptismus oder einzelne Gemeinden betreffen, in anderen Akten archiviert sind. Beispielsweise wurden Unterlagen der Baptistengemeinde Löwen (Zweiggemeinde der Gemeinde Breslau) zufällig in den Akten der Löwener Polizeiverwaltung aufgefunden. Der DHI-Archivführer und andere Bestandsverzeichnisse weisen solche Bestände oftmals nicht detailliert aus.

Das *Bestandsverzeichnis aller Kirchenbücher und Personenstandsunterlagen der polnischen Staatsarchive* weist keine Provenienz der Akten aus, diese werden in dieser Übersicht als „*Personenstandsunterlagen der Baptisten in ...*" bzw. – sofern es sich um amtliche Akten handelt, die vor Errichtung der Standesämter als Personenstandsakten für Baptisten und andere „Dissidenten" geführt wurden – als *„Personenstandsunterlagen der Dissidenten in ..."* bezeichnet.

Die genannten Orte sind nicht unbedingt mit dem Sitz einer Baptistengemeinde identisch.

Polnische Ortsnamen und Begriffe werden möglichst in der offiziellen **Schreibweise** wiedergegeben. Bei Texten und Textbestandteilen, die mit technischen Mitteln aus anderen Quellen übernommen wurden, sind jedoch die diakritischen Zeichen (insbesondere die im polnischen häufig vorkommenden Zeichen Querstrich, Cédille, Punkt und Tilde) nicht durchgängig vorzufinden.
Die korrekte Schreibweise kann in jedem Fall dem Ortsregister entnommen werden.

3.2. Gebiete, die bis 1918 bzw. 1945 zum Deutschen Reich gehörten

DZfG

*Akten der **Baptistengemeinde Königsberg**, Ostpreußen*

Film B 1250	**Taufen**	**1842–1885**
Film B 1251	**Taufen A – L**	**1861–1928**
Film B 1252	**Taufen M – Z**	**1861–1928**

Mikrofilme aufgenommen 1938 in Königsberg,
wahrscheinlich durch die „Reichsstelle für Sippenforschung",
liegt auch als Verfilmung im LDS-Archiv vor

EZA

*Akten der **Baptistengemeinde Elbing**, Westpreußen*

Film 5994	**Taufen**	**1840–1925**
	Eheschließungen	**1845–1856**
	Geburtsregister	**1845–1898**
	Namensverzeichnis	**1840–1858**
Filme 5995, 5997A	**Mitgliederlisten**	**[?]**
	Taufen	**1840–1925**

liegt auch als Verfilmung im LDS-Archiv vor

*Akten der **Baptistengemeinde Stettin**, Pommern*

Film 4437	**Geburten**	**1845–1882**
Film 4438	**Taufen**	**1846–1886**
Film 4437	**Trauungen**	**1848–1879**
Film 4439	**Mitgliederverzeichnis mit Angabe**	
	der Taufen und Todesjahre	**1842–1909**

liegt auch als Verfilmung im LDS-Archiv vor

LDS

*Akten der **Baptistengemeinde Elbing**, Westpreußen*

Film 185345	**Kirchenbuch**	**1840–1925**

Es existiert im LDS-Archiv noch eine zweite Verfilmung:

Film 414470	**Kirchenbuch**	**1840–1925**

*Ob dieser Film identisch mit Film 185345 ist, oder andere Inhalte auf-
weist, kann nicht beurteilt werden.*
Mikrofilme aufgenommen in Lübeck
(dortige Zwischenlagerung der westpreußischen Bestände 1948–1964),
liegt auch als Verfilmung im EZA vor

*Akten der **Baptistengemeinde Königsberg**, Ostpreußen*

Film 1859736	**Taufen**	**1842–1885**
Film 1859737	**Taufen A – L**	**1861–1928**
Film 1859738	**Taufen M – Z**	**1861–1928**

liegt auch als Verfilmung in der DZfG vor

*Akten der **Baptistengemeinde Stettin**, Pommern*

Film 562109	**Geburten**	**1845–1882**
items 1–3	**Taufen**	**1846–1886**
	Trauungen	**1848–1879**
	Mitgliederverzeichnis mit Angabe	
	der Taufen und Todesjahre	**1842–1909**

kein Verleih an Genealogie-Forschungsstellen in Berlin u. Brandenburg,
liegt auch als Verfilmung im EZA vor

Personenstandsregister der Dissidenten in **Marienburg,** *Westpreußen*

Film 742802 item 1	**Geburten**	**1848–1865**
Film 1456851 item 8	**Geburten**	**1866–1874**
Film 742802 item 2	**Heiraten**	**1853–1865**
Film 742802 item 3	**Tote**	**1848–1865**
Film 1456851 item 9	**Tote**	**1866–1874**

Mikrofilme aufgenommen im Staatsarchiv Gdansk

Personenstandsunterlagen der Dissidenten in **Köslin,** *Pommern*

Film 1496978	**Geburten**	**1851–1874**
items 3–5	**Eheschließungen**	**1851–1874**
	Todesfälle	**1852–1874**

Mikrofilme aufgenommen im Staatsarchiv Koszalin

Personenstandsunterlagen der Dissidenten in **Rosenberg,** *Westpreußen*

Film 1198522	**Geburten**	**1864–1875**
items 1–3	**Eheschließungen**	**1859–1874**
	Todesfälle	**1868–1870**

Mikrofilme nach Originalaufnahmen in Berlin 1939
und im Staatsarchiv Olsztyn

Personenstandsunterlagen der Dissidenten in **Schippenbeil,** *Ostpreußen*

Film 1198110	**Geburten**	**1860–1874**
item 2	**Eheschließungen**	**1860–1874**
	Todesfälle	**1860–1874**

Mikrofilme nach Originalaufnahmen in Gerdauen, 1938

Personenstandsunterlagen der **Baptisten in Zanow,** *Pommern*

Film 1496898	**Geburten**	**1851–1873**
items 3–5	**Eheschließungen**	**1854–1874**
	Todesfälle	**1853–1874**

Mikrofilme aufgenommen im Staatsarchiv Koszalin

Film 1181565 item 3	**Michael J. Anuta: East Prussians from Russia**; enthält: **„1921–1937 Festschrift zur Jubelfeier des fünfundzwanzigjährigen Bestehens der Baptistengemeinde Ortelsburg, Evangelische Freikirche",** ohne Ort 1979, 31 Seiten

Film 1183684 item 9	*Wilhelm Weist, Lebenserinnerungen* **„Ein Beitrag zur Geschichte der Baptisten Gemeinden in Ostpreußen zum Besten der in Ragnit zu bauenden Kapelle"**
Film 1183684 item 12	*Wilhelm Weist, Tagebuchaufzeichnungen aus den Jahren 1848 bis 1850*

Der Baptistenprediger *Wilhelm Weist* (1822–1903)[14] hat handschriftliche Lebenserinnerungen und Tagebuchaufzeichnungen hinterlassen, die im Original erhalten sind und im Jahr 1989 transkribiert wurden.
Verfilmungen dieser Abschriften liegen im LDS-Archiv vor.
Beide Dokumente sind auch im **Oncken-Archiv** des *Bundes Evangelisch-Freikirchlicher Gemeinden in Deutschland* in Wustermark-Elstal einsehbar (Website: http://www.bildungszentrum-elstal.de/archiv).

In den Texten werden folgende Gemeinden bzw. Versammlungsorte genannt:
Ostpreußen:
Allenstein, Aweiden, Bartenstein, Bladiau, Eydtkuhnen, Goyden, Heiligenbeil, Ickschen, Königsberg, Kreuzburg, Landsberg, Memel, Pobethen, Ragnit, Rositten, Rummy, Saalfeld, Schönwiese, Schwägerau, Sprindt, Stolzenberg, Wilmsdorf, Zinten
Pommern:
Rummelsburg, Stettin
Provinz Posen:
Posen
Schlesien:
Breslau, Falkenberg, Freiburg, Grünberg, Landeck, Landeshut, Lauban, Liegnitz, Neusalz, Voigtsdorf, Waldenburg
Westpreußen:
Dirschau, Elbing, Graudenz, Hammerstein, Marienburg, Nakel, Preußisch Friedland
Kongreß-Polen:
Adamow

---

[14] 1848   in Berlin zum ersten Missionar der Preußischen Vereinigung berufen
1848–1850   Bibelkolporteur in Schlesien, Posen, Pommern, West- und Ostpreußen
1850–1893   Prediger in Stolzenberg, Kreis Heiligenbeil (Ostpreußen)
1858   erste Taufe in Polen (Adamow).
Weitere familienkundliche Forschungen zu Wilhelm Weist durch den Autor liegen vor.

Polnische Staatsarchive

Bydgoszcz AP

[Stadtakten **Fordon** / Akta miasta Fordonu]

SYGN. 168   **Bildung einer Baptisten-Gesellschaft** (statut, wykaz czlonków), **1865–1908**

Gdańsk AP

APG 0672 / 0680   [**Danzig**, evangelische Kirche St. Trinitatis /
AS 357   Gdansk, Kosciol ewangelicki sw. Trocjy).
alt GAP 78, 14   **Kirchenbücher 1562–1935 ... Sekten...**

10 / 1496 / 6   *Personenstandsunterlagen der Dissidenten im Kreis **Dirschau**, Westpreußen*
APG 0190 / 0475   **Tczew, powiat, Gminy dysydentow**
Mikrofilm   **akta urodzeń** Geburten   **1851–1874**
E-81211-81213   **akta malżeństw** Eheschließungen   **1851–1874**
AS 1496   **akta zgonów** Todesfälle   **1854–1874**

10 / 1496 / 5   *Personenstandsunterlagen der Dissidenten in **Marienburg**, Westpreußen*
APG 0329 / 0318   **Malbork, dysydenci (baptysci, niemieckokatolickie, sekty)**
Mikrofilm   **akta urodzeń** Geburten   **1848–1874**
E-4481-4483   **akta malżeństw** Eheschließungen   **1848–1873**
E-81008-81009   **akta zgonów** Todesfälle   **1848–1874**
AS 1496   *liegt auch als Verfilmung im LDS-Archiv vor*

APG 0534 / 0531   [Einwohnermeldeamt **Elbing** /Urzad Meldunkowy miasta Elblaga]
AS 372   Abschriften aus den Matrikeln der katholischen, evangelischen, **dissidentischen** und jüdischen
Bevölkerung   1812–1900

APG 02020 / 02015   [Amtsgericht **Elbing** / Sad Obwodowy, Elblag]
AS 100   Standesregister von Juden und **Konfessionslosen** (1848–1874).
alt GAP 93, 103,   Austritte aus den Glaubensgemeinschaften
    117, 309A

APG 0654 / 0654   [Superintendentur Elbing / Superintendentura Elblag]
AS 373   1772–1912
Andere Konfessionen: Juden, Mennoniten, **Baptisten,** Andersgläubige.

10 / 1496 / 5   *Personenstandsunterlagen der Dissidenten in **Marienburg**, Westpreußen*
APG 0329 / 0318   **Malbork, dysydenci (baptysci, niemieckokatolickie, sekty)**
Mikrofilm   **akta urodzeń** Geburten   **1848–1874**
E-4481-4483   **akta małżeństw** Eheschließungen   **1848–1873**
E-81008-81009   **akta zgonów** Todesfälle   **1848–1874**
AS 1496   *liegt auch als Verfilmung im LDS-Archiv vor*

APG 01236 / 01232 [Stadt Preußisch Stargard / Miasto Starogard Gdanski]
                      1634–1945 **Sekten**

APG 036/ 035   [Königliches Domänenrentamt Stuhm /
AS 522   Krolewski Urzas Domenalno-Rentowy, Sztum]
alt GAP 347   1792–1874. Juden, **Dissidenten**

APG 01058 / 01058 [Bibliotheca Archivi, Handschriften nichtamtlicher Herkunft
Mikrofilm   Rekopisy nieurzedowe]
E-32649-34443   15. Jh. – 20. Jh.
AS 300, R   Tt. Informationen über Juden, Schotten, Arianer, Mennoten,
alt GAP 300, H   **Wiedertäufer**, Quäker

Gorzów Wielkopolski, oddzial AP Szczecin

66 / 886 / 0   *Personenstandsunterlagen der **Baptisten in Berlinchen**, Neumark*
                Barlinek, baptysci
                akta urodzeń Geburten   **1851–1874**
                akta zgonów Todesfälle   **1859–1874**

66 / 28 / 0   *Personenstandsunterlagen der **Baptisten in Landsberg a.d.Warthe**,*
                Neumark
                Gorzów wielkopolski, baptysci
                akta urodzeń Geburten   **1858–1873**
                akta małżeństw Eheschließungen   **1851–1863, 1865–1874**

Jelenia Góra, oddzial AP Wrocław

[Magistrat Landeshut / Inwentarz miasta Kamiennej Góry]

SYGN. 771   **„Die gesetzlichen Bestimmungen und sonstige Anordnungen in Angelegenheiten der Bibel und Missions Gesellschaften, Alt Lutheraner, Separatisten, Christkatholiken, oder gar keinen Pfarrsystem gehörige Personen pp. Baptisten 1833–1933"**

83 / 90 / 0   *Personenstandsunterlagen der Dissidenten in **Schmiedeberg**, Niederschlesien*
Kowary, dysydenci
akta urodzeń Geburten   **1847–1864**
akta malżeństw Eheschließungen   **1862–1868**
akta zgonów Todesfälle   **1847–1910**

Koszalin AP

[Landratsamt **Deutsch Krone** / Starostwo Powiatowe w Walczu]

SYGN. 171   **„Die im Kreise vorhandenen Baptisten 1872–1889"**

26 / 73 / 0   *Personenstandsunterlagen der Dissidenten in **Köslin**, Pommern*
Koszalin, dysydenci
akta urodzeń Geburten   **1851–1874**
akta malżeństw Eheschließungen   **1851–1874**
akta zgonów Todesfälle   **1852–1874**
liegt auch als Verfilmung im LDS-Archiv vor

26 / 543 / 0   *Personenstandsunterlagen der **Baptisten in Zanow**, Pommern*
Sianów, baptysci
akta urodzeń Geburten   **1851–1873**
akta malżeństw Eheschließungen   **1851–1874**
akta zgonów Todesfälle   **1853–1874**
liegt auch als Verfilmung im LDS-Archiv vor

Malbork, AP Elbląg

[Regierung Marienwerder, Abteilung für Kirchen- und Schulwesen / Rejencja Kwidzynska]

SYGN. 958   **„Die Einrichtung eines Bethauses der Baptistengemeinde in Kulingen"**
1904–1919

Olsztyn AP

[Landratsamt **Sensburg**, / Starostwo Powiatowe w Mragowie]
SYGN. 86   **„Die Baptisten-Gemeinden 1871–1872"**

Opole AP

[Akten der Polizeiverwaltung Löwen, Kreis Brieg]
2758   Akten, die **Baptistengemeinde in Löwen** betreffend (Löwen war
wahrscheinlich Zweiggemeinde der Gemeinde Breslau)
- Statut der Gemeinde, gefertigt von Prediger Kromm am 14.03.1897
- Mitgliederliste der Gemeinde (Gründungsmitglieder)
- „Gesetz betreffend die Ertheilung der Korporationsrechte an Baptisten-
gemeinden. Vom 7. Juli 1875"
(Information durch einen Genealogen nach Recherchen im Staatsarchiv
Opole)

Poznan AP

[Landratsamt Birnbaum / Starostwo Powiatowe w Miedzychodzie]
SYGN. 761   **„Gesetz vom 7.7.1875 betreffend Korporationsrechte**
Baptistengemeinde, 1875"

Szczecin AP

[Landratsamt Randow / Starostwo Powiatowe w Szczecinie]
SYGN. 778   **„Die Baptisten Gemeinde zu Alt Damm 1852."**

[Domänenrentamt **Reetz** / Urzad Domenalno-Rentowy w Reczu]
SYGN. 20   **„Die Anzeigen über die von Baptisten gehaltenen**
Gottesdienst-Versammlungen 1865–1868."

Torun AP, oddzial I

[Magistrat der Stadt **Thorn** / Magistrat miasta Torunia]
SYGN. 4364   **„Baptisten Gemeinde, 1902–1903"**

Akten der Stadtverwaltung Torun (Thorn) aus der Zeit nach 1918
sind unter „Polen" aufgeführt.

3.3.   Polen

Bydgoszcz AP

[Komenda Policji Panstwowej na miasto **Bydgoszcz** /
Kommandantur der Staatspolizei für die Stadt **Bromberg**]

SYGN. 65   **Dzialalnosc sekt i zwiazków wyznaniowych czynnych na terenie miasta Bydgoszczy (Badacze Pisma Sw., Evangelische Gemeinschaft, Bracia Polscy, Kolegium Polskiego Zboru Ewangelickiego, Zbór Adwentystów Dnia Siódmego, Stowarzyszenie „Straznica", Neue Apostolische Gemeinschaft, Katholisch-Apostolische Gemeinschaft, Landeskirchliche Gemeinschaft, Baptysci, Epifania), 1921–1930.**

[Komenda Powiatowa Policji Panstwowej w **Tucholi** /
Kreiskommandantur der Staatspolizei in **Tuchel**]

SYGN. 30   **Informacje, zarzadzenia, meldunki i sprawozdania dotyczace sekt religijnych (m. in. baptystów), 1923–1931**

[Komenda Powiatowa Policji Panstwowej w **Sepólnie** /
Kreiskommandantur der Staatspolizei in **Zempelburg**]

SYGN. 101   **Meldunki i raporty o dzialalnosci wspólnot ewangelickich (wykaz pastorów, Diakonat w Wiecborku, spis uczennic kursu gospodarstwa domowego Diakonisek w Wiecborku, dzialalnosc Ewangelicznych Chrzescijan i baptystów), 1923–1939**

[Komenda Powiatowa Policji Panstwowej w **Chojnicach** /
Kreiskommandantur der Staatspolizei in **Konitz**]

SYGN. 13   **Dzialalnosc niemieckich sekt religijnych (Pfingstgemeinschaft, Ewangeliczni Chrzescijanie i baptysci), 1924.**

[rzad Wojewódzki Pomorski w **Torunie** /
Pommerellisches Wojewodschaftsamt **Thorn**]

SYGN. 4466 **Sekty religijne na Pomorzu (Kosciól Narodowy, baptysci, mennoni-ci, staroluteranie, Ewangelickie Zrzeszenie modlitwy, Ewangelickie Towarzystwo modlitwy, Wspólnosc Chrzescijan w obrebie zboru krajowego, Chrzescijanscy Dysydenci, Kosciól Bozy Nogoumywal-ców, Stowarzyszenie Wiernych Chrzescijan, Sekta „Przebudzenie", Zjednoczenie Apostolskie, metodysci, adwentysci, Stowarzyszenie Kosciola Krajowego, Czlonkowie Zboru Krajowego, Ewangelickiego Slowa Bozego, Zwiazku Misji Miejskich, 1925**

[Urzad Wojewódzki Pomorski w **Bydgoszczy** /
Pommerellisches Wojewodschaftsamt **Bromberg**]

SYGN. 934 **Akta dotyczace przydzialu nieruchomosci dla Kosciolów wyznan ewangelickichi baptystów oraz likwidacji cmentarza ewangelickiego w Bydgoszczy przy ulicy Jagiellonskiej, 1946–1947**

Gdansk, AP

APG 055 / 065 [Starostwo Powiatowe, **Tczew** / Starostei des Kreises **Dirschau**]
AS 26 1920–1938. Vereine, **Sekten**

APG 059/ 054 [Starostwo Powiatowe, **Kartuzy** / Starostei des Kreises **Karthaus**]
AS 1630 1920–1939. **Sekten**

APG 060 / 0604 [Powiatowa Komenda Policji Panstwowej, **Kartuzy** /
AS 31 Polizeikreiskommandantur **Karthaus**]
1920–1929. **Sekten**

Góra Kalwaria, oddzial AP Warszawy

[Akta miasta **Piaseczna** / Stadtakten von Piaseczno]

SYGN. 1343-1344 **O baptystach 1880, 1890**.

Kalisz AP

[Zarzad Powiatowy **Kaliski** / Kreisverwaltung Kalisch]

SYGN. 430, 611 **Informacje o baptystach, 1874–1875**

[Magistrat miasta **Pogorzeli** / Magistrat der Stadt Pogorzel]

SYGN. 239 **Baptisten in Pogorzel, 1902–1913.**

Katowice AP

[Urzad Wojewódzki Slaski w Katowicach /
Schlesisches Wojewodschaftsamt in Kattowitz,
-Wydzial Administracyjny / Verwaltungsabteilung]

SYGN. 1958b, **Statutu Zwiazku Slowianskich Zborów ewangelicznych, chrzesci-janskich i baptystów w Polsce, 1927–1930**

Kielce AP

[Starostwo Powiatowe **Kieleckie** / Kreisverwaltung Kielce]

SYGN. 1758 **akta w sprawie cerkwi garnizonowej w Kielcach i Zwiazku Bap-tystów oraz Badaczy Pisma sw., 1923.**

Konin, oddzial AP Poznan

[Akta miasta **Turek** / Akten der Stadt Turek]

SYGN. 630 **baptysci w Turku i okolicach 1902**

[Akta miasta Dabia / Akten der Stadt Dabie]

SYGN. 3202 **dokumenty do duplikatów aktów stanu cywilnego, sekty baptystów okregu m. Dabia o slubach za 1917 rok.**

Kutno, oddzial AP Plock

[Akta Stanu Cywilnego **baptystów w Zyrardowie** /
Akten des Standesamtes der **Baptisten in Zyrardów**]

SYGN. 1	**akta urodzen** Geburten	**1870–1876**
SYGN. 2	**akta malzenstw** Eheschließungen	**1870–1876**
SYGN. 3	**akta zgonów** Todesfälle	**1870–1876**
SYGN. 4–14	**akta urodzen, malzenstw i zgonów**	**1877–1887**

81 / 272 / 0   *Personenstandsunterlagen der **Baptisten in Zyrardów***
Zyrardów, baptysci
akta urodzeń Geburten   **1870–1887**
akta małżeństw Eheschließungen   **1870–1887**
akta zgonów Todesfälle   **1870–1887**

[Akta Gminy **Zyrardów-Wiskitki** / Akten der Gemeinde Zyrardów-Wiskitki]
SYGN. 607   **protokoly zebran baptystów z okregu zyrardowskiego, 1905–1906**
SYGN. 933   **o prowadzeniu dokumentów przez urzednika Grazdanskiego dotyczacych m.in. ... baptystów i ich duchownych, 1909**.

Łódź AP

[Kancelaria Prezydialna (1867–1918), Wydzial administracyjny / Präsidialkanzlei, Verwaltungsabteilung]
Indeks geograficzny, rzeczowy Wydzialu Administracyjnego
RGP 1867–1918 / Geographischer Sachindex

- Aleksandrów:
SYGN. 10960   **baptysci, plac pod dom modlitwy, 1912**
- Baluty:
SYGN. 9153   **baptysci, otwarcie domu modlitwy, 1894–1897**
- Bartodzieje:
SYGN. 10829   **baptysci, zebrania religijne, 1911**
- Brzeziny:
SYGN. 10489   **baptysci, zebrania religijne, 1910**
- Erywangród:
SYGN. 5949   **baptysci, zatwierdzenie starszego, 1895**
- Kamocin:
SYGN. 10244   **dom modlitwy baptystów, 1908**
- Konstantynów:
SYGN. 10336   **baptysci, dom modlitwy, 1909**
- Ksawrów: (richtig Ksawerów)
SYGN. 11145   **baptysci, dom modlitwy, 1913**

- Lódz:

SYGN. 1592	**baptysci, wykup czynszów z placu miejskiego, 1881**
SYGN. 7254	**baptysci, kaznodzieje, 1904**
SYGN. 7255	**baptysci, zapis majatku prytwatnego, 1904**
SYGN. 7979	**otwarcie szkoly duchownej baptystów, 1909**
SYGN. 10226	**baptysci, otwarcie domu modlitwy w Chojnach pod Lodzia, 1908**
SYGN. 10414	**baptysci, cmentarz, 1909**

- Nierzaczka Mala:

SYGN. 10276	**baptysci, zezwolenie na odbywanie modlów, 1909**

- Pabianice:

SYGN. 8365	**parafia ewangelicka baptystów, zatwierdzenie kaznodziei, 1911**

- Piotrków:

SYGN. 10262	**baptysci, wybór i zatwierdzenie przelozonego, 1909**

- Piotrkowska Gubernia:

SYGN. 9446	**baptysci, budowa domu modlitwy,**

- Proboszczowice:

SYGN. 10879	**baptysci, urzadzenie domu modlitwy, 1911**

- Tomaszów:

SYGN. 10377	**baptysci, dom modlitwy, 1909**

- Zelów:

SYGN. 10885	**baptysci, dom modlitwy, 1911**

- Zgierz:

SYGN. 7845	**baptysci, kaznodzieje, 1903**

[Rzad Gubernialny Kaliski / Gubernialregierung in Kalisz]

SYGN. 1272	**baptysci, skargi, 1899–1900**
SYGN. 1364	**baptysci, ksiegi stanu cywilnego w Turku, 1905**
SYGN. 1519, 1806	**baptysci, domy modlitwy, 1904–1913**
SYGN. 1905	**baptysci, zatwierdzenie duchownych, 1910**

[Akta Urzedów Stanu Cywilnego z terenu woj. Lódzkiego /
Akten der Standesämter aus dem Gebiet der Wojewodschaft Lodz]

nr inwent.: 3.	**Akta gminy Baptystów, 1920**, 1 Archiveinheit
nr inwent.: 181.	**Akta gminy baptystów, 1870–1872**, 4 Archiveinheiten
nr inwent.: 315.	**Akta gminy baptystów, Tuszyn, 1874–1880**,

*evtl. identisch mit den im Staatsarchiv Piotrków Trybunalski ohne Signatur
bzw. mit „48/344/0" verzeichneten Archivalien der Gemeinde Tuszyn,
liegt auch als Verfilmung im LDS-Archiv vor*

nr inwent.: 358.   **Akta gminy baptystów Zdunska Wola, 1872–1892**, 21 Archiveinheiten
evtl. identisch mit dem unten unter 39 / 1746 / 0 verzeichneten Bestand

39 / 1569 / 0   *Personenstandsunterlagen der Baptisten in Lódz*
Lódz, baptysci
akta urodzeń Geburten   **1870–1890**
akta małżeństw Eheschließungen   **1870–1872**
akta zgonów Todesfälle   **1870–1872**

39 / 339 / 0   *Personenstandsunterlagen der Baptisten in Majaczewice, Gem. Burzenin*
Majaczewice, gmina Burzenin, baptysci
akta urodzeń Geburten   **1873, 1876**

39 / 344 / 0 *   *Personenstandsunterlagen der Baptisten in Tomaszów Mazowieckie*
Tomaszów Mazowieckie, baptysci
akta urodzeń Geburten   **1900–1902, 1904–1905, 1907,**
                                     1910–1911, 1913, 1925
akta zgonów Todesfälle   **1899, 1902, 1905–1906, 1908,**
                                     1911

39 / 346 / 0 *   *Personenstandsunterlagen der Baptisten in Uniejów*
Uniejów, baptysci
akta zgonów Todesfälle   **1876–1924**

39 / 348 / 0 *   *Personenstandsunterlagen der Baptisten in Wolbórz*
Wolbórz, baptysci
akta urodzeń Geburten   )   **1890–1900, 1902–1903,**
akta małżeństw Eheschließungen) **1905–1907, 1909,**
akta zgonów Todesfälle   )   **1912–1913, 1928–1930,**
)   **1933**

39 / 1746 / 0   *Personenstandsunterlagen der Baptisten in Zdunska Wola*
Zdunska Wola, baptysci
akta urodzeń Geburten   )   **1871–1884,**
akta małżeństw Eheschließungen) **1886–1889,**
akta zgonów Todesfälle   )   **1892–1895**
evtl. identisch mit dem oben unter „nr inwent.: 358" verzeichneten Bestand

[Skorowidz zwiazków stowarzyszen w kancelarii prezydialnej /
Alphabetisches Verzeichnis von Vereinen und Verbänden
in der Präsidentialkanzlei]

SYGN. 990 **Tow. Dobroczynnosci, Ewangelicko-Baptystów Wifleen w Lodzi, 1910–1914**

[Akta miasta **Lodzi** / Akten der Stadt Lodz]

SYGN. 6786, 7340 **baptysci, cmentarz, 1896, 1909–1910**

SYGN. 4473–4478 **ewidencja baptystów, 1880–1908**

SYGN. 6780–6789 **baptysci, swiatynie i cmentarze, 1896–1906**

SYGN. 9352, 9357, 9386, 9394
  ewidencja baptystów, 1889–1890, 1897–1899

SYGN. 8944–8945, 8951–8953, 8976, 8985, 8989, 8992–8993
  przesiedlenie baptystów, 1890–1892, 1895–1899

SYGN. 4401–4492 **sprawy wyznaniowe, m.in. wyznania ewangelickiego, baptystów, 1874–1914**

[Urzad Poborowy powiatu lódzkiego / Aushebungsamt des Lodzer Bezirkes]

SYGN. 332 **sprawy odroczen i zwolnien ze sluzby wojskowej m.in. z powodu wiary, np. nauczyciela, baptysty, 1908**.

[Urzad Wojewódzki Lódzki / Wojewodschaftsamt Lodz]

SYGN. 1452 **Lódzkie Ewangelicko-Baptyskie Towarzystwo Dobroczynnosci Bethleem, 1938**

Lublin AP

[Rzad Gubernialny Lubelski,
Wydzial Administracyjny Referat IV Wyznaniowy /
Gubernialregierung Lublin, Verwaltungsabteilung Referat IV Bekenntnisse]

SYGN. 23, 26, 27, 34, 38, 56, 70, 94, 102, 106, 111, 115a, 118, 132, 145, 158, 164, 209, 216a
  Baptysci – sprawy rózne (organizacyjne, dotyczace duchowienstwa, akta metrykalne i inne), 1870–1912

SYGN. 31, 54, 134, 141
  Baptysci – okregi, parafie i filie w powiecie chelmskim (Kamionka, Lipówka, Mogielnica), 1897–1908

[Kancelaria Gubernatora Lubelskiego / Kanzlei des Gubernators von Lublin]
SYGN. 8t, 194, 378 **Anabaptysci, 1871–1886**

[Urzad Stanu Cywilnego – Wyznanie protestanckie /
Standesamt – protestantische Konfessionen]
SYGN. ohne **Sekta baptystow Niedrzwica Koscielna, 1876–1895**, 19 Archiveinheiten

35 / 113 / 0 *Personenstandsunterlagen der **Baptisten in Niedrzwica Koscielna***
Niedrzwica Koscielna, baptysci
akta urodzeń Geburten   **1876–1895**
akta malżeństw Eheschließungen   **1876–1895**
akta zgonów Todesfälle   **1876–1895**

35 / 113 / 0 *Personenstandsunterlagen der **Baptisten in Glusk***
Glusk, baptysci
akta urodzeń Geburten   **1893–1895**
akta malżeństw Eheschließungen   **1893–1895**
akta zgonów Todesfälle   **1893–1895**

[Ekspozytura Policji Politycznej w **Lublinie** /
Vertreter der Politischen Polizei in Lublin]
SYGN. 36 **Sprawy wyznaniowe – Baptysci, 1925**

[Urzad Wojewódzki Lubelski. Wydzial Spoleczno – Polityczny /
Wojewodschaftsamt Lublin. Gesellschaftlich-politische Abteilung]
SYGN. 857 **Grupy sekciarskie „Ewangeliczni Chrzescijanie – Baptysci",
1928–1931**

[Urzad Wojewódzki Lubelski. Wydzial Komunikacyjno-Budowlany.
Okregowa Dyrekcja Robót Publicznych /
Wojewodschaftsamt Lublin. Kommunikations- und Bauabteilung.
Bezirksdirektion für öffentliche Arbeiten]
SYGN. 2594 **Projekt domu modlitwy sekty Baptystów w Zienkach, powiat wlo-
dawski, 1930.**
SYGN. 609 **Projekt domu dla stowarzyszenia wzajemnej pomocy baptystów w
Rudce, powiat chelmski, 1937**

[Parafia ewangelicko – luterska (**baptystów**) w Chelmie /
Evangelisch-lutherische (**baptistische**) Pfarrei in Chelm] (?)
SYGN. 1 **Ksiega urodzen parafii ewangelicko – luterskiej w Chelmie, 1938–40.**

Mlawa, oddzial AP Warszawy

	[Akta Stanu Cywilnego **baptystów** Nowe Miasto, powiat plonski /
SYGN. ohne	Akten des **baptistischen** Standesamtes in Nowe Miasto, Kreis Plonsk]
	0,03 lfd.m., 6 Archiveinheiten, Bestand nicht bearbeitet

76 / 490 / 0   *Personenstandsunterlagen der Baptisten in Nowe Miasto*

Nowe Miasto, baptysci

akta urodzeń Geburten	1875–1882, 1889–1890
akta malżeństw Eheschließungen	1875–1882, 1889–1890
akta zgonów Todesfälle	1875–1882, 1889–1890

76 / 622 / 0   *Personenstandsunterlagen der Baptisten in Gradzanowo Koscielna*

Gradzanowo Koscielna, baptysci

akta urodzeń Geburten	1880–1881, 1883, 1885–1886
akta malżeństw Eheschließungen	1880
akta zgonów Todesfälle	1885

76 / 657 / 0   *Personenstandsunterlagen der Baptisten in Raciaz*

Raciaz, baptysci

akta urodzeń Geburten	1880–1887, 1889–1894
akta malżeństw Eheschließungen	1881–1884, 1886–1887, 1889–1893
akta zgonów Todesfälle	1881–1887, 1889–1893

Otwock, oddzial AP Warszawa

	[**Nowominski** Zarzad Powiatowy / Bezirksverwaltung Nowy Minsk]
SYGN. 5	**Raporty wójtów o liczbie baptystów zamieszkalych w gminie, Zarzadzenie w sprawie baptystów, 1880–1901**

	[Akta gmin z powiatu **minsko-mazowieckiego** /
	Gemeindeakten aus dem Kreis Minsk Mazowiecki]
SYGN. 165	**o prowadzeniu ksiag metrycznych (dane dot. min. Ewangelicznych Chrzescijan oraz Baptystów) 1929.**

Pabianice, oddzial AP Lodz

	[Akta miasta **Zgierza** / Akten der Stadt Zgierz]
SYGN. 669	**o baptystach, 1879**

[Akta Urzednika Stanu Cywilnego z terenu powiatu **lódzkiego** (duplikaty) /
Akten der Standesämter aus dem Gebiet des Lodzer Kreises (Duplikate)]

SYGN. ohne   Uwagi: Brak Sygnatur (Bemerkungen: Signaturen fehlen)
Wyznanie baptystów, Pabianice, 1882–1940
0,6 lfd.m., 111 Archiveinheiten

40 / 11 / 5 **   *Personenstandsunterlagen der Baptisten in Górka Pabianicka,*
Gem. Pabianice / Pabianitz
Górka Pabianicka, gmina Pabianice, baptysci
akta urodzeń Geburten   **1882–1940**
akta malżeństw Eheschließungen   **1882–1940**
akta zgonów Todesfälle   **1882–1940**

[Starosta powiatu laskiego w Pabianicach /
Landrat des Kreises Lask in Pabianitz]

SYGN. 19   **Cmentarz w Belchatowie, plany techniczne cmentarzy katolickiego i baptyjskiego**

SYGN. 49   **Friedhöfe der Gemeinde Belchatow, 1941–1943, plany techniczne cmentarzy baptystów w skali 1:7500**

Piotrków Trybunalski AP

[Akta Stanu Cywilnego gminy **baptystów w Dzbankach** /
Akten des Standesamtes der **Baptistischen Gemeinde in Dzbanki**]

SYGN. ohne   0,01 lfd.m., 1 Archiveinheit, Bestand nicht bearbeitet

48 / 423 / 0   *Personenstandsunterlagen der Baptisten in Dzbanki*
Dzbanki, baptysci
akta urodzeń Geburten   **1891, 1894**
akta malżeństw Eheschließungen   **1891, 1894**
akta zgonów Todesfälle   **1891, 1894**

[Akta Stanu Cywilnego gminy **baptystów w Szydlowie** /
Akten des Standesamtes der **Baptistischen Gemeinde in Szydlów**]

SYGN. ohne   **1874–1877**, 0,02 lfd.m., 4 Archiveinheiten, Bestand nicht bearbeitet
liegt auch als Verfilmung im LDS-Archiv vor

48 / 345 / 0   *Personenstandsunterlagen der* **Baptisten in Szydlów**
Szydlów, baptysci
akta urodzeń Geburten   **1874–1877**
akta małżeństw Eheschließungen   **1874–1877**
akta zgonów Todesfälle   **1874–1877**
liegt auch als Verfilmung im LDS-Archiv vor

[Akta Stanu Cywilnego gminy **baptystów w Tuszynie** /
Akten des Standesamtes der **Baptistischen Gemeinde in Tuszyn**]
SYGN. ohne   **1874–1880**, 0,05 lfd.m., 7 Archiveinheiten, Bestand nicht bearbeitet
evtl. identisch mit den im Staatsarchiv Lodz mit der Signatur „nr inwent:
315." verzeichneten Archivalien der Gemeinde Tuszyn,
liegt auch als Verfilmung im LDS-Archiv vor

48 / 344 / 0   *Personenstandsunterlagen der* **Baptisten in Tuszyn**
Tuszyn, baptysci
akta urodzeń Geburten   **1874–1880**
akta małżeństw Eheschließungen   **1874–1880**
akta zgonów Todesfälle   **1874–1880**
evtl. identisch mit den im Staatsarchiv Lodz mit der Signatur „nr inwent:
315." verzeichneten Archivalien der Gemeinde Tuszyn,
liegt auch als Verfilmung im LDS-Archiv vor

Plock AP

[Kancelaria Gubernatora **Plockiego** / Kanzlei des Gubernators in Plock]
SYGN. 208   **O rozpowszechnienlu sekty baptystów, 1868**.

[Akta Stanu Cywilnego **Sekty Baptystów Plock** /
Akten des Standesamtes der **baptistischen Sekte in Plock**]
SYGN. 1–3   **Akta urodzen, malzenstw i zgonów, 1874–1875**.
liegt auch als Verfilmung im LDS-Archiv vor

50 / 476 / 0   *Personenstandsunterlagen der* **Baptisten in Plock**
Plock, baptysci
akta urodzeń Geburten   **1874–1875**
akta małżeństw Eheschließungen   **1874–1875**
akta zgonów Todesfälle   **1874–1875**
liegt auch als Verfilmung im LDS-Archiv vor

[Akta Stanu Cywilnego Sekty **Baptystów Sierpc** /
Akten des Standesamtes der **baptistischen Sekte in Sierpc**]

SYGN. 1–6   **Akta urodzen, malzenstw i zgonów 1870–1886**.

liegt auch als Verfilmung im LDS-Archiv vor

50 / 482 / 0   *Personenstandsunterlagen der **Baptisten in Sierpc***
Sierpc, baptysci

akta urodzeń Geburten		**1870–1880, 1886**
akta małżeństw Eheschließungen		**1870–1880, 1886**
akta zgonów Todesfälle		**1870–1880, 1886**

liegt auch als Verfilmung im LDS-Archiv vor

Torun AP, oddzial II

[Zarzad Miejski w Toruniu / Stadtverwaltung Thorn]

SYGN. 243   **Niemieckie organizacje religijne i sekty
(Baptisten-Gemeinde, Evangelischer Kirchlicher Blaukreuz-Verein, Thorner Bibelgesellschaft, Christlicher Verein junger Männer, Thorner Zweigverein des Evangelischen Bundes, Thorner Zweigverein der evangelischen Gustav Adolf Stiftung, Evangelische Gemeinschaft), 1920–1926**

SYGN. 338   **Sekty religijne (m. in. baptysci), 1921–1929**

Warszawa AGAD

[Sekretariat Stanu Królestwa Polskiego /
Staatssekretariat des Königreiches Polen]

SYGN. 180   **Prosba kolonistów pruskich o zezwolenie na wyznawanie wiary baptystów, 1859**

[Centralne Wladze Wyznaniowe Królestwa Polskiego /
Zentrale Konfessionsbehörde des Königreiches Polen]

SYGN. 1036   **Urzadzenie duchowienstwa ewangelickiego i sekty baptystów, 1862–1878**

Warszawa AAN

[Ministerstwo Spraw Wewnetrznych / Innenministerium]

SYGN. 1081 **Materialy dotyczace Swiatowego Zjazdu Baptystów w Berlinie, 1933–1934**

SYGN. 1082 **Statut Zwiazku Slowianskich Zborów Ewangelicznych Chrzescijan i Baptystów w Polsce i korespondencja w sprawie zatwierdzenia go przez MSW, 1922–1931**

SYGN. 1567 **j. w. – Zbór Ewangelicznych Chrzescijan, Zbór Kosciola Metodystycznego, Wolny Kosciól Luterski, baptysci i in., 1931–1939**

SYGN. 2941 **Projekt budowy murowanego parterowego domu modlitwy z takimze domem parafialnym na nieruchomosci stowarzyszenia religijnego Baptystów pod nr 560 – 60 przy ul. Aleksandrowskiej w Lodzi, 1923**

SYGN. 3079 **Projekt kaplicy dla parafii Baptystów w Pabianicach przy ul. Fabrycznej 31, 1923**

SYGN. 3951 **Plan remontu kaplicy baptystów zniszczonej podczas dzialan wojennych w Zyrardowie, pow. Blonskim, woj. Warszawskim, 1923**

[Ambasada RP w Londynie / Polnische Botschaft in London]

SYGN. 883 **Polozenie, dzialalnosc i ustrój Kosciolów protestanckich (Sytuacja prawna Kosciola anglikanskiego. Kosciól ewangelicko-unijny. Sztundyzm. Baptyzm. Metodysci. European Christian Mission. Kosciól ewangelicki w Niemczech. Misja Barbikanska), 1919–1937**

[Ministerstwo Wyznan Religijnych i Oswiecenia Publicznego / Ministerium für religiöse Bekenntnisse und öffentliche Bildung]

SYGN. 1441 **Ewangeliczni Chrzescijanie i baptysci: notatki i pisma informacyjne, sluzba wojskowa, 1924–1935**

SYGN. 1442 **Ewangeliczni Chrzescijanie i baptysci: stowarzyszenia, 1922–1938**

SYGN. 1443–1445 **Ewangeliczni Chrzescijanie i baptysci: sprawy rózne, 1919–1939**

SYGN. 1446 **Baptysci tzw. sztundysci (zwolennicy nauki pierwszych chrzescijan), 1921–1927**

[Ministerstwo Administracji Publicznej /
Ministerium für öffentliche Verwaltung]

SYGN. 688 **Polski Kosciól Ewangelicznych Chrzescijan Baptystów. Zwolanie XV Soboru, wyjazdy zagraniczne, korespondencja, 1947–1948**

SYGN. 689 **Zbór Polskich Baptystów w Lodzi. Rejestracja, ankiety, 1949**

SYGN. 1071 **Polski Kosciól Chrzescijan Baptystów. Uznanie za publiczno – prawny zwiazek wyznaniowy, sprawy organizacyjne, dzialalnosc, kontakty ze Swiatowym Zwiazkiem Baptystów, 1945–1949**

SYGN. 1072, 1073 **Polski Kosciól Chrzescijan Baptystów. Stan majatkowy zborów, restytucje lub nadania nieruchomosci, 1945–1950**

SYGN. 1080 **Polski Zwiazek Ewangeliczny. Zgloszenie powstania, przylaczenie sie Zboru Polskich Baptystów w Lodzi, 1947–1949**

[Ministerstwo Oswiaty w Warszawie / Bildungsministerium]

SYGN. 459 **Polski Kosciól Ewangelicznych Chrzescijan Baptystów. Prawo wystawiania stopni z religii na swiadectwach szkolnych, 1946.**

Warszawa ADM

[Ilustrowany Kurier Codzienny / Illustrierter Täglicher Kurier]

SYGN. I-U-5385 **Radosc (Warszawa), willa baptystów – widok zewnetrzny, basen w ogrodzie, IV 1932**

Warszawa AP

[Akta stanu cywilnego wyznania ewangelickich **baptystów** Okregu Wlo-clawskiego /
Akten des Standesamtes der **Baptisten in dem Bezirk Wloclawek**]

SYGN. ohne **1866–1894**, 0,04 lfd.m., 12 Archiveinheiten, Bestand nicht bearbeitet
evtl. identisch mit Reg.-Nr. 71 / 759 / 0 im Archiv Wloclawek

[Akta metrykalne wyznania **baptystów** z terenu województwa wlo-clawskiego **(Lipno, Rypin, Ossówka)** – zbiór zespolów /
Kirchenbücher **baptistischen** Bekenntnisses aus dem Gebiet der Woje-wodschaft Wloclawek (**Lipno, Rypin, Ossówka**) – Sammlung von Be-ständen]

SYGN. ohne **1880–1908**, 0,02 lfd.m., 4 Archiveinheiten, Bestand nicht bearbeitet
evtl. identisch mit Reg.-Nr. 71 / 663 / 0 im Archiv Wloclawek

[Warszawski Wydzial Ochrony Porzadku i Bezpieczenstwa Publicznego / Warschauer Abteilung für den Schutz der öffentlichen Ordnung und Sicherheit]

SYGN. 165 **O baptystach i innych organizacjach w miescie Warszawie 26 VIII 1911 – 7 III 1915.**

[Zarzad Oberpolicmajstra Warszawskiego / Warschauer Oberpolizeimeisterverwaltung]

SYGN. 1949 **o niedopuszczeniu do sprzedazy gramafonowych plyt z nagraniami piesni ewangelickich i baptyjskich, 1913–1914.**

[Akta konserwatorskie zabytków miasta stolecznego Warszawy i woj. Lódzkiego / Akten der Denkmalpflege der Hauptstadt Warschau und der Wojewodschaft Lodz]

SYGN. 190 **konserwator na woj. lódzkie II Kalisz, Dom modlitwy Stowarzyszenia Baptystów, 1925**

[Zbiór Przyborowskich / Sammlung Przyborowski]

SYGN. ohne **Swiatynia baptystów: XXVII 71, XXVIII 147, XXXII 179**

Włocławek, oddzial AP Torun

71 / 663 / 0 *Personenstandsunterlagen der Baptisten in Lipno*
Lipno, baptysci
akta urodzeń Geburten   1883–1892
akta zgonów Todesfälle   1890–1908
evtl. identisch mit Beständen im Staatsarchiv Warszawa (AP) ohne Signatur

71 / 663 / 0 *Personenstandsunterlagen der Baptisten in Rypin*
Rypin, baptysci
akta urodzeń Geburten   1888
akta malżeństw Eheschließungen 1888
akta zgonów Todesfälle   1888
evtl. identisch mit Beständen im Staatsarchiv Warszawa (AP) ohne Signatur

71 / 759 / 0	Personenstandsunterlagen der **Baptisten in Włocławek**
	Włocławek, baptysci
	akta urodzeń Geburten	**1886–1895**
	akta malżeństw Eheschließungen	**1886–1895**
	akta zgonów Todesfälle	**1886–1895**
	evtl. identisch mit Beständen im Staatsarchiv Warszawa (AP) ohne Signatur

Wrocław, AP

APW 623   [Amtsgericht Trachenberg / Sad Obwodowy w Zmigrodzie]
Konfessionsbücher von **Dissidenten**   **1847–1866**

Deutsches Historisches Institut, Warschau

ohne Signatur   **Franz Lackner**
„Chronik der Gemeinde und Volksschule Tiefenbach"
Zeitraum 1824–1945, Schlagwörter: …**Baptisten**
Veröffentlichungen der Ostdeutschen Forschungsstelle im Lande Nord-rhein-Westfalen, Dortmund 1959

LDS

Personenstandsunterlagen der **Baptisten in Plock**, *Provinz Warschau*

Film 1201500	**akta urodzeń** Geburten	**1874–1878**
items 6–7	**akta zgonów** Todesfälle	**1874–1875, 1878**

Mikrofilme aufgenommen im Staatsarchiv Plock.

Personenstandsunterlagen der **Baptisten in Sierpc / Sichelberg**, *Provinz Warschau*

Film 1191027	**akta urodzeń** Geburten	**1870–1878**
items 9–12	**akta malżeństw** Eheschließungen	**1870–1876, 1879**
	akta zgonów Todesfälle	**1870–1877, 1879**
Film 1733749	**akta urodzeń** Geburten	**1880**
item 8	**akta malżeństw** Eheschließungen	**1880**
	akta zgonów Todesfälle	**1880**

Mikrofilme aufgenommen im Staatsarchiv Plock.

*Personenstandsunterlagen der **Baptisten in Szydlów**, Provinz Lódz*

Film 1733570	**akta urodzeń** Geburten	**1874–1877**
items 4–7	**akta małżeństw** Eheschließungen	**1874–1877**
	akta zgonów Todesfälle	**1874–1877**

Mikrofilme aufgenommen im Staatsarchiv Piotrokow Trybunalski.

*Personenstandsunterlagen **der Baptisten in Tuszyn**, Provinz Lódz*

Film 1733569	**akta urodzeń** Geburten	**1874–1877**
items 13–16	**akta małżeństw** Eheschließungen	**1874–1877**
	akta zgonów Todesfälle	**1874–1877**
Film 1733570	**akta urodzeń** Geburten	**1878–1880**
items 1–3	**akta małżeństw** Eheschließungen	**1878–1880**
	akta zgonów Todesfälle	**1878–1880**

Mikrofilme aufgenommen im Staatsarchiv Piotrkow Trybunalski.

Laut LDS-Katalog wurden die Akten dieser vier Gemeinden[15] in russischer Sprache geführt.

Film 1183574	**Eduard Kupsch:**
item 6	**Geschichte der Baptisten in Polen 1852–1932**
	503 Seiten, Ill., Zdunska-Wola, Selbstverlag des Verfassers 1932[?]

3.4.   Gebiet der heutigen BRD

DZfG

*Akten der **Baptistengemeinde Berlin***
(1837–1848 Scharrenstraße, ab 1848 Schmidstraße)

Film A 4820	**Kirchenbuch**	**1823–1875**
	Geburten	

Die Jahresangabe 1823 irritiert, da die Gemeinde erst 1837 gegründet wurde. Es ist anzunehmen, dass sich die Jahresangabe 1823 auf das Geburtsjahr von Gemeindemitgliedern bezieht.
liegt auch als Verfilmung im LDS-Archiv vor

---

[15] Als weitere Quelle siehe hierzu: The Society for German Genealogy in Eastern Europe (SGGEE), A Poland and Volhynia Genealogy Group, Box 905 Stn. "M", Calgary, AB, T2P 2J3, Canada, E-Mail für deutschsprachige Anfragen: kontakt@sggee.org, Website: http://www.sggee.org, Unterseite: http://www.sggee.org/PolishBaptistArchives.html.

LDS

Akten der **Baptistengemeinde Berlin**
(1837–1848 Scharrenstraße, ab 1848 Schmidstraße)

Film 1270650	**Kirchenbuch**	**1823–1875**
	Geburten	

Mikrofilm aufgenommen in Berlin-Dahlem
liegt auch als Verfilmung in der DZfG vor

Personenstandsunterlagen der Dissidenten in **Berlin**
(Juden- und Dissidenten-Register des Königlich Preußischen Stadtge-
richts Berlin, 1812–1874)
Die drei aufgeführten Filme beinhalten nur Dissidentenakten.

Film 477308	**Geburten**	**1848–1874**
	Geburtsindex	**1848–1874**
	Heiraten	**1847–1862**
Film 477309	**Heiraten**	**1862–1866**
	Heiratsindex	**1847–1866**
	Heiraten	**1866–1872**
Film 477310	**Heiraten**	**1872–1874**
	Heiratsindex	**1866–1874**
	Tote	**1850–1874**
	Totenindex	**1850–1874**

Mikrofilme aufgenommen 1938 in Berlin

Akten der **Baptistengemeinde Ihren (Kreis Leer)**

Film 1187707	**Kirchenbuch**	**1845–1873**
item 1	**Mitgliederverzeichnis**	**1845–1873**

Mikrofilm aufgenommen von Manuskripten im Niedersächsischen Staats-
archiv Aurich.

8 Filme:	**„Baptisten Angelegenheiten, 1840–1896"**
	Authors: Berlin (Brandenburg), Zentralarchiv (Main Author)
	Notes: Documents, historical records and personal papers relating to **Baptists** in Prussia and the German Empire.
	Deutsches Zentralarchiv Berlin, 1976

Film 1054029	**Band 1**	**1840–1842**
Film 1054030	**Bände 2–3**	**1842–1849**
Film 1055064	**Band 4**	**1849–1853**

Film 1055064	**Band 5**	**1854–1859**
Film 1055066	**Bände 6–7**	**1859–1873**
Film 1055067	**Band 8**	**1874–1877**
Film 1055068	**Bände 9–10**	**1878–1896**
Film 1055069		**1871–1872 Duplikat**
item 1		

Es handelt sich um acht Mikrofilmrollen, die Unterlagen und Dokumente beinhalten, die die Baptisten in Preußen und im Deutschen Reich betreffen. Als Herausgeber ist das „Deutsche Zentralarchiv" benannt. Diese Bezeichnung steht im Widerspruch zur Jahresangabe 1976: Das „Deutsche Zentralarchiv" wurde bereits 1973 in „Zentrales Staatsarchiv der DDR" umbenannt. Die Archivalien des DZA bzw. des ZSA/DDR sind nach der deutschen Einheit in den Bestand des Bundesarchivs, Dienstort Berlin, Finckensteinallee 63, 12205 Berlin übergegangen.

3.5.   Ukraine

LDS

Akten der **Baptistengemeinde Konotop***, Sumska oblast*

Film 2142550	**Geburten**	**1911–1917**
items 3 – 4	**Eheschließungen**	**1911–1918**
	Todesfälle	**1911–1917**

Mikrofilm aufgenommen im Staatsarchiv Sumy/Ukraine

Akten der **Baptistengemeinde Melitopol***, Saporishka oblast*
Akten für Skelki, Melitopol, Tawrida (heute Skelki), Wasiljewka

Film 2343791	**Geburten**	**1908–1921**
item 6	**Eheschließungen**	**1913–1920**
	Todesfälle	**1910–1920**

Mikrofilm aufgenommen im Staatsarchiv Saporishshja/Ukraine

Akten der **Baptistengemeinde Nowowasiljewka***, Saporishka oblast*

Film 2292297	**Geburten**	**1891–1895, 1903–1918**
item 4	**Eheschließungen**	**1891–1895, 1903–1918**
	Todesfälle	**1891–1895, 1903–1918**

Mikrofilm aufgenommen im Staatsarchiv Saporishshja/Ukraine

DHI

ohne Signatur	**Donald M. Miller**
	„In the midst of wolves: a history of German Baptists in Volhynia, Russia, 1863–1943"
	*(Mitten unter den Wölfen: eine Geschichte der deutschen **Baptisten** in Wolhynien, Rußland, 1863–1943)*
	Portland, Oregon. Multnohma Print 2000, 303 Seiten, ISBN 0-9100542-0-3
	zu beziehen beim Autor, E-Mail: dnmiller@whiz.to
	Postanschrift: 12814 NW Bishop Road, Hillsboro, OR 97124, USA
	Website: www.inthemidstofwolves.com

3.6.   Russland

LDS

*Akten **der Baptistengemeinde Astrachan**, Astrachanskaja oblast*

Film 2120651	**Geburten**	**1916–1918**
items 18 – 22	**Eheschließungen**	**1916**
	Todesfälle	**1915**
Film 2120651	**Register**	
item 17	*Mikrofilm aufgenommen im Archiv des Astrachaner Gebiets*	

3.7.   Ungarn

LDS

*Akten der **Baptistengemeinde Békés**, Bezirk Békés*
***Baptista Egyház Békés**. Békés Megye*
Anyakönyvek Personenstandsregister

Film 719820	**Kereszteltek** Taufen	**1892–1895**
	halottak Todesfälle	**1892–1895**

Akten der **Baptistengemeinde Bonyhád**, *Bezirk Tolna*
Baptista Egyház Bonyhád, *Tolna Megye*
Anyakönyvek Personenstandsregister

Film 719820	**Kereszteltek** Taufen	**1893–1895**
	Hallotak Todesfälle	**1893–1895**
Film 1793973	**Kereszteltek** Taufen	**1893–1895**
item 3	**Hallotak** Todesfälle	**1893–1895**
Film 1793974	**Kereszteltek (Másod filmezés)**	
item 1	Taufen (Duplikate)	**1893–1895**
	Hallotak (Másod filmezés)	
	Todesfälle (Duplikate)	**1893–1895**

Akten der **Baptistengemeinde Karcag**, *Bezirk Jász-Nagykun Szolnok*
Baptista Egyház Karcag, *Jász-Nagykun Szolnok Megye*
Anyakönyvek Personenstandsregister

Film 719820	**Kereszteltek** Taufen	**1889–1895**

Akten der **Baptistengemeinde Magyarszék**, *Bezirk Baranya*
Baptista Egyház Magyarszék, *Baranya Megye*
Anyakönyvek Personenstandsregister

Film 719820	**Kereszteltek** Taufen	**1895**

Akten der **Baptistengemeinde Szekszárd**, *Bezirk Tolna*
Baptista Egyház Szekszárd, *Tolna Megye*
Anyakönyvek Personenstandsregister

Film 1793974	**Kereszteltek** Taufen	**1827–1828**
item 1	**halottak** Todesfälle	**1827–1828**

Az eredeti iratok mikrofilmre vétele Budapesten a Magyar Országos Levéltárban történt.

Die Angaben sind nicht eindeutig und teilweise widersprüchlich. So sind die Jahresangaben für Skekszárd (1827–1828) sicherlich falsch. Außerdem werden in den ungarischen Anmerkungen stets Taufen (Kereszteltek) angegeben, in den englischsprachigen Erläuterungen ist dagegen teilweise von Geburten die Rede.

Alle fünf Gemeinden befanden sich auf dem heutigen ungarischen Staatsgebiet

4. Zu den territorialen Veränderungen Polens seit 1815

Die Beschäftigung mit der Archivlage im heute polnischen Raum führt die Kompliziertheit der historischen Entwicklungsprozesse vor Augen. Deshalb soll die Karte auf der folgenden Seite zur Veranschaulichung der in den letzten 200 Jahren vollzogenen Gebiets- und Grenzveränderungen beitragen, welche zum Staatsgebiet der heutigen Republik Polen führten.

Außerhalb des Kartenausschnitts liegt der nordostpreußische Raum. Nach dem 1. Weltkrieg musste dessen nördlichster Teil, das Memelgebiet um Memel (Klaipeda) von Deutschland abgetreten werden. Zunächst übernahm 1920 Frankreich die Verwaltung. Im Jahr 1923 besetzten litauische Freischärler das Gebiet. 1924 übertrugen die Alliierten Litauen die Souveränität über das Gebiet, dem seitens der Litauischen Republik Autonomierechte eingeräumt wurden. Im März 1939 musste Litauen die Region an Deutschland zurückgeben. Nach dem 2. Weltkrieg wurde sie in die Litauische SSR eingegliedert und ist heute Bestandteil der Litauischen Republik.

Der nördliche Teil Ostpreußens – ohne das Memelgebiet – wurde nach 1945 als *Kaliningrader Gebiet (Калининградская область)* Bestandteil der *Russischen Sozialistischen Föderativen Sowjetrepublik* innerhalb der *Union der Sozialistischen Sowjetrepubliken*, er gehört heute zur *Russischen Föderation (Российская Федерация)*.

Quelle für die Karte auf Seite 64: http://www.polishroots.org/genpoland/veraend.htm
Text unter Verwendung der Erläuterungen zur Karte
Copyright © 2001 PolishRoots. All rights reserved.

Das **heutige Polen mit der neuen Wojewodschafts-Gliederung** ist aus dieser Übersichtskarte ersichtlich: http://www.lib.utexas.edu/maps/europe/poland_pol00.jpg

Eine **aktuelle Polenkarte** findet man auf folgender Website (die Karte mit Zoomfunktion enthält 19.500 Ortschaften): http://www.pilot.pl

Diese Website vermittelt eine **Kurzübersicht zur polnischen Geschichte**: http://www.polishroots.org/genpoland/histpol.htm

Historische Karten der preußischen Ostprovinzen sind unter den nachstehend aufgeführten Links zu finden. Die Karten im Maßstab 1: 1.800.000 basieren auf dem *Comprehensive Atlas and Geography of the World* (published by Blackie and Sons in **1882** in Edinburgh, Scotland):

64

- Provinz Brandenburg: http://feefhs.org/maps/gere/ge-brand.html
- Provinz Ostpreußen: http://feefhs.org/maps/gere/ge-eprus.html
- Provinz Pommern: http://feefhs.org/maps/gere/ge-pomer.html
- Provinz Posen: http://feefhs.org/maps/gere/ge-posen.html
- Provinz Schlesien: http://feefhs.org/maps/gere/ge-siles.html
- Provinz Westpreußen: http://feefhs.org/maps/gere/ge-wprus.html
(Quelle: Federation of East European Family History Societies, Salt Lake City, Utah, USA)

Eine Karte mit Angabe der **russischen Provinzen in Polen** nach dem Stand von **1902** ist abrufbar unter   http://feefhs.org/maps/ruse/re-polan.html
FEEFHS MAP ROOM © copyright 1997-2002 by FEEFHS; all rights reserved

Eine weitere **Sammlung historischer Karten** ist zu finden unter
                        http://www.bielski-web.de/html/karten.html

Die Karte gibt einen Überblick über die wichtigsten Grenz- und Gebietsveränderungen, die sich auf dem Territorium der heutigen Republik Polen seit 1815 vollzogen:

Die gegenwärtigen politischen Grenzen sind **rot punktiert** dargestellt. Die früher zu anderen Staaten gehörenden Territorien werden in unterschiedlichen Farben gezeigt; sie sind mit Nummern versehen, die sich auf die Beschreibungen unterhalb der Karte beziehen.

Die Territorien der Nachbarstaaten Polens werden in **grau** dargestellt. Die in Farbvarianten gekennzeichneten Gebiete gehörten früher zu Polen und sind heute Bestandteil Weißrusslands bzw. der Ukraine.

Die **weißen Linien** bezeichnen die Grenzen zwischen den Ländern im Jahre 1871, die **grüne Linie** die Grenze zwischen Polen und Deutschland im Jahre 1938.

Einige weniger wichtige Grenzverschiebungen werden zur Vereinfachung nicht gezeigt. Diese betreffen die Eingemeindung des westlichen Teschener Gebiets („Zaolzie") nach Polen im Jahre 1938, kleinere Veränderungen in der Tatra und im masurischen Raum, ein Gebietsaustausch zwischen Polen und der UdSSR im Jahre 1951 und einige andere Gebiete. Ebenso wird auf die Darstellung der administrativen Veränderungen während der deutschen Besetzung sowie der Grenzziehungen des „Großdeutschen Reichs" und des „Generalgouvernements" verzichtet.

Nachstehende historische Regionen bilden das Territorium der heutigen Republik Polen:
1   der größte Teil Kongreßpolens
        das auf dem Wiener Kongress 1815 aus dem bisherigen Herzogtum Warschau geschaffene Königreich Polen, welches in Personalunion mit Russland vereinigt war; es verlor seine zunächst weitgehende Eigenverwaltung nach dem Aufstand von 1830/31
2   ausgenommen hiervon ist ein nordöstliches Gebiet, das jetzt zu Litauen (nördlicher Teil) bzw. Weißrussland (südlicher Teil) gehört; die letztgenannte Region gehörte mit weiteren Territorien zwischen dem 1. und dem 2. Weltkrieg zu Polen
3   das Gebiet um Białystok

von der Österreichisch-Ungarischen Monarchie:
4   die westliche Hälfte der Provinz Galizien
5   der östliche Teil Galiziens mit Lemberg gehörte zwischen den Weltkriegen zu Polen, er bildet jetzt die westlichen Regionen der Ukraine
6   die östliche Hälfte des Herzogtums Teschen (seine westlichen Teile gehören jetzt zur Tschechischen Republik)
7   kleine Teilgebiete Ungarns bzw. der heutigen Slowakei (etwa 20 Dörfer in der Tatra)

vom Königreich Preußen (Deutschland)
8   Posen (Großpolen/Wielkopolska)
        nach dem 1. Weltkrieg kam dieses Gebiet zu Polen mit Ausnahme einiger westlicher Randgebiete, die Teile einer neuen preußischen Provinz wurden (Grenzmark Posen-Westpreußen).

9 Westpreußen (königliches Preußen / Prusy Królewskie)
Nach dem 1.Weltkrieg wurde diese Provinz in vier Teile geteilt: Der größte – mittlere – Teil wurde Polen einverleibt, die Stadt Danzig mit ihrem Umland wurde zur Freien Stadt Danzig, die westlichen Teilgebiete blieben bei Deutschland und wurden in die neue Provinz Grenzmark Posen-Westpreußen eingegliedert, während die östlichen Teile Ostpreußen zugeschlagen wurden

10 die südliche Hälfte Ostpreußens (Prusy Wschodnie)
der nördliche Teil Ostpreußens gehört jetzt zur Russischen Föderation (Kaliningrader Gebiet),
schon nach dem 1.Weltkrieg kam ein südwestlicher Zipfel Ostpreußens um die Stadt Soldau (Dzialdowo) zu Polen

11 der östliche Teil Pommerns (Pomorze) – Hinterpommern –, der westliche Teil – Vorpommern – gehört als Teil des Bundeslandes Mecklenburg-Vorpommern zur BRD

12 ein Viertel der Provinz Brandenburg, die Neumark

13 der größte Teil Schlesiens (Slask), bereits nach dem 1. Weltkrieg fielen einige Teile Ost-Oberschlesiens an Polen, heute gehört nur noch das Gebiet westlich der Lausitzer Neiße – auch Schlesische Oberlausitz genannt – zur BRD.
Ein kleines (südliches) Gebiet gehört jetzt zur Tschechischen Republik (das Hultschiner Ländchen/Hlucinsko).

von Sachsen

14 ein kleines Gebiet östlich von Zittau, das nach dem 2. Weltkrieg Polen zugeschlagen wurde.

# 5.	Ortsregister

Das Register enthält alle Orte, für die oder in deren Archiven Bestände verzeichnet sind, sowie die Gemeinden und Versammlungsorte, die Wilhelm Weist in seinen Texten erwähnt (vgl. Seite 36).

In alphabetischer Folge wird sowohl die aktuelle als auch – für die bis 1918 bzw. 1945 deutschen Gebiete – die deutsche Schreibweise aufgeführt. Für Orte, die 1918 nicht zum Deutschen Reich gehörten, wird ein deutscher Ortsname nur dann angegeben, wenn dieser in den Quellen ausdrücklich genannt wird.

In der **zweiten Spalte** ist die jeweils andere – deutsch- bzw. fremdsprachige – Bezeichnung zu finden. Die Zugehörigkeit zu früheren deutschen Gebieten wird nach dem Stand von 1918 angegeben, spätere Gebietsabtretungen und Veränderungen der Provinzgrenzen (beispielsweise zwischen Pommern und Brandenburg im Jahr 1938) blieben unberücksichtigt.

In der **dritten Spalte** ist die heutige Gebietszugehörigkeit angegeben.

Für **russische** Orte außerhalb des Kaliningrader Gebiets sowie für **ukrainische** Orte ist das jeweilige Gebiet in der zweiten Spalte in der Landessprache und in der 3. Spalte in deutscher Sprache angegeben.

Anmerkungen:

- Kaliningrader Gebiet, RUS	Kaliningradskaja oblast, Rossijskaja Federazija, Калининградская область, Российская Федерация
- Megye	ungarisch Bezirk
- wjw.	województwo = polnische Wojewodschaft

Die deutschen Bezeichnungen[16] der heutigen Wojewodschaften sind:

- wjw. Dolnoślaskie	Wojewodschaft Niederschlesien
- wjw. Kujawsko-Pomorskie	Wojewodschaft Kujawien-Pommern
- wjw. Łódźkie	Wojewodschaft Lodsch
- wjw. Lubelskie	Wojewodschaft Lublin
- wjw. Lubuskie	Wojewodschaft Lebuser Land

---

[16] Nach den offiziellen deutschsprachigen Bezeichnungen der Amtsbezirke der diplomatischen Vertretungen (Botschaft und Generalkonsulate) der Bundesrepublik Deutschland in der Republik Polen: http://www.auswaetiges-amt.de/www/de/laenderinfos/adressen/dtl_vertretung?land_id=136.

- wjw. Malopolskie	Wojewodschaft Klein-Polen
- wjw. Mazowieckie	Wojewodschaft Masowien
- wjw. Opolskie	Wojewodschaft Oppeln
- wjw. Podkarpackie	Wojewodschaft Vorkarpaten
- wjw. Podlaskie	Wojewodschaft Podlachien
- wjw. Pomorskie	Wojewodschaft Pommern
- wjw. Ślaskie	Wojewodschaft Schlesien
- wjw. Świetokrzyskie	Wojewodschaft Heiligkreuz
- wjw. Warmiñsko-Mazurskie	Wojewodschaft Ermland-Masuren
- wjw. Wielkopolskie	Wojewodschaft Großpolen
- wjw. Zachodniopomorskie	Wojewodschaft Westpommern

Polnische Bezeichnungen werden in der offiziellen Schreibweise mit diakritischen Zeichen wiedergegeben. **Russische und ukrainische Namen** werden auch in kyrillischer Schrift in russischer bzw. ukrainischer Modifikation ausgewiesen. Hierbei ist zu beachten, dass Orte in der Ukraine stets in ukrainischer Schreibweise verzeichnet sind, die im Allgemeinen von der eher bekannten russischen Form abweicht (zum Beispiel die Stadt *Saporoshje* am Dnepr: russisch *Запорожье*, ukrainisch *Запоріжжя* [Saporishshja]).

Die **Umsetzung kyrillischer Schriftzeichen in lateinische** wird nicht nach der ISO bzw. DIN-Transliteration[17], sondern durch Transkription in Anlehnung an den deutschen Sprachgebrauch (Duden-Transkription) vorgenommen. Die eindeutige Schreibweise ist aus der kyrillischen Form ersichtlich.

Für die Aufstellung des Ortsregisters wurden u. a. herangezogen

zur Zuordnung der deutschen zu heute polnischen bzw. russischen Ortsnamen:
- M. Kaemmerer: Ortsnamenverzeichnis der Ortschaften jenseits von Oder und Neiße Rautenberg, Leer, 3. Auflage 1988
- Fritz R. Barran: Atlas nördliches Ostpreußen: Königsberger Gebiet. 28 deutsche topographische Karten mit russischen Ortsnamen. Rautenberg, Leer, 1993
- Ortsnamenlisten für Ostpreußen und Nachbargebiete, zusammengestellt von Thomas Salein: http://www.geocities.com/Athens/Styx/5329/onfenster.htm

---

[17] ISO R-9 Empfehlung bzw. DIN 1460;
vgl. http://kodeks.uni-bamberg.de/AKSL/Schrift/Transliteration.htm;
http://www.uni-koeln.de/themen/fremdsprachig/rustranslit.html;
http://www.vonrauch.de/slavist/transkrt.pdf.

- Index of German-Polish and Polish-German names of the localities in Poland & Russia: http://www.atsnotes.com/other/gerpol.html#PO;

zur exakten Lokalisierung früherer deutscher Orte:
- Andrees Allgemeiner Handatlas, Velhagen & Klasing Bielefeld und Leipzig, 4. Auflage 1899
- Meyers Lexikon in zwölf Bänden, Atlasband, Bibliographisches Institut Leipzig, 8. Auflage 1936;

zur Schreibweise der jetzigen Ortsnamen und zur Ermittlung der heutigen Gebietszugehörigkeit:
- Microsoft ® Encarta ® Weltatlas 2001;

zur Schreibweise ukrainischer Ortsnamen und Regionen:
- http://www.lemko.org/atlas/atlas.html
- http://www.infoukes.com/ua-maps/ukraine/ykpaina1.gif.

Ort / Region	anderssprachige heutige bzw. frühere deutsche Bezeichnung	heutige Gebietszugehörigkeit	Seiten
Adamow		wjw. Mazowieckie	36
Aleksandrów		wjw. Łódźkie	44
Allenstein, Ostpreußen	Olsztyn	wjw. Warmińsko-Mazurskie	36, 40
Alt Damm, Pommern	Dąbie	wjw. Zachodniopomorskie	40
Astrachan / Астрахан	Астрахан, Астраханская область, Российская Федерация	Gebiet Astrachan, Russische Föderation	60
Aweiden, Ostpreußen	Jushnij / Южний	Kaliningrader Gebiet, RUS	36
Bałuty		wjw. Łódźkie	44
Barlinek	Berlinchen, Neumark	wjw. Zachodniopomorskie	38
Bartenstein, Ostpreußen	Bartoszyce	wjw. Warmińsko-Mazurskie	36
Bartodzieje		wjw. Łódźkie	44

Ort / Region	anderssprachige heutige bzw. frühere deutsche Bezeichnung	heutige Gebietszugehörigkeit	Seiten
Bartoszyce	Bartenstein, Ostpreußen	wjw. Warmińsko-Mazurskie	36
Békés		Békés Megye, Ungarn	60
Belchatów		wjw. Łódźkie	50
Berlin		BRD	57
Berlinchen, Brandenburg (Neumark)	Barlinek	wjw. Zachodniopomor-skie	38
Birnbaum, Provinz Posen	Miedzychod	wjw. Wielkopolskie	40
Bladiau, Ostpreußen	Pjatidoroshnoje / Пятидорожное	Kaliningrader Gebiet, RUS	36
Bonyhád		Tolna Megye, Ungarn	61
Breslau, Niederschlesien	Wrocław	wjw. Dolnoslaskie	36
Bromberg, Westpreußen	Bydgoszcz	wjw. Kujawsko-Pomorskie	37, 41
Brzeziny		wjw. Łódźkie	44
Burzenin		wjw. Łódźkie	46
Bydgoszcz	Bromberg, Westpreußen	wjw. Kujawsko-Pomorskie	37, 41
Chełm		wjw. Lubelskie	47, 48
Chojna		wjw. Łódźkie	45
Chojnice	Konitz, Westpreußen	wjw. Pomorskie	41
Czarne	Hammerstein, Westpreußen	wjw. Pomorskie	36
Dąbie	Alt Damm, Pommern	wjw. Zachodniopomor-skie	40
Dąbie		wjw. Wielkopolskie	43
Danzig, Westpreußen	Gdańsk	wjw. Pomorskie	37, 38, 42
Debrzno	Preußisch Friedland, West-preußen	wjw. Pomorskie	36
Deutsch Krone, Westpreu-ßen	Walcz	wjw. Zachodniopo-morskie	39
Deutsches Reich			58

Ort / Region	anderssprachige heutige bzw. frühere deutsche Bezeichnung	heutige Gebietszugehörigkeit	Seiten
Dirschau, Westpreußen	Tczew	wjw. Pomorskie	36, 37, 42
Dzbanki		wjw. Łódźkie	50
Elbing, Westpreußen	Elbląg	wjw. Warmińsko-Mazurskie	34, 36, 37
Elbląg	Elbing, Westpreußen	wjw. Warmińsko-Mazurskie	34, 36, 37
Erywangród		wjw. Łódźkie	44
Eydtkuhnen, Ostpreußen	Tschernyschewskoje / Чернышевское	Kaliningrader Gebiet, RUS	36
Falkenberg, Niederschlesien	Sokola	wjw. Dolnoslaskie	36
Fordon	Fordon, Westpreußen	wjw. Kujawsko-Pomorskie	37
Fordon, Westpreußen	Fordon	wjw. Kujawsko-Pomorskie	37
Freiburg, Niederschlesien	Świebodzice	wjw. Dolnoslaskie	36
Gajdy	Goyden, Ostpreußen	wjw. Warmińsko-Mazurskie	36
Gdańsk	Danzig, Westpreußen	wjw. Pomorskie	37, 38, 42
Głusk		wjw. Lubelski	48
Góra Kalwaria		wjw. Mazowieckie	42
Górka Pabianicka		wjw. Łódźkie	50
Górowo Iławeckie	Landsberg, Ostpreußen	wjw. Warmińsko-Mazurskie	36
Gorzów Wielkopolski	Landsberg a. d. Warthe, Neumark	wjw. Lubuskie	38
Goyden, Ostpreußen	Gajdy	wjw. Warmińsko-Mazurskie	36
Gradzanowo Kościelne		wjw. Mazowieckie	49
Graudenz, Westpreußen	Grudziądz	wjw. Kujawsko-Pomorskie	36
Grudziądz	Graudenz, Westpreußen	wjw. Kujawsko-Pomorskie	36
Grünberg, Niederschlesien	Zielona Góra	wjw. Lubuskie	36

Ort / Region	anderssprachige heutige bzw. frühere deutsche Bezeichnung	heutige Gebietszugehörigkeit	Seiten
Hammerstein, Westpreußen	Czarne	wjw. Pomorskie	36
Heiligenbeil, Ostpreußen	Mamonowo / Мамоново	Kaliningrader Gebiet, RUS	36
Hirschberg, Niederschlesien	Jelenia Góra	wjw. Dolnoslaskie	39
Ickschen, Ostpreußen	[bei Ragnit, Неман]	Kaliningrader Gebiet, RUS	36
Ihren, Kreis Leer		Niedersachsen, BRD	58
Insterburg, Ostpreußen	Tschernjachowsk / Черняховск siehe *Sprindt, Ostpreußen*	Kaliningrader Gebiet, RUS	36
Jelenia Góra	Hirschberg, Niederschlesien	wjw. Dolnoslaskie	39
Jushnij / Южний	Aweiden, Ostpreußen	Kaliningrader Gebiet, RUS	36
Kaliningrad / Калининград	Königsberg, Ostpreußen	Kaliningrader Gebiet, RUS	33, 36
Kalisch	Kalisz	wjw. Wielkopolskie	43, 45
Kalisz	Kalisch	wjw. Wielkopolskie	43, 45
Kamienna Góra	Landeshut, Niederschlesien	wjw. Dolnoslaskie	36, 39
Kamionka		wjw. Lubelskie	47
Kamocin		wjw. Łódźkie	44
Karczag		Jász-Nagykun-Szolnok Megye, Ungarn	61
Karthaus, Westpreußen	Kartuzy	wjw. Pomorskie	42
Kartuzy	Karthaus, Westpreußen	wjw. Pomorskie	42
Katowice	Kattowitz, Oberschlesien	wjw. Slaskie	43
Kattowitz, Oberschlesien	Katowice	wjw. Slaskie	43
Kielce		wjw. Swietokrzyskie	43
Klaipèda	Memel, Ostpreußen	Litauen	36
Königsberg, Ostpreußen	Kaliningrad / Калининград	Kaliningrader Gebiet, RUS	33, 36
Konin		wjw. Wielkopolskie	43
Konitz, Westpreußen	Chojnice	wjw. Pomorskie	41

Ort / Region	anderssprachige heutige bzw. frühere deutsche Bezeichnung	heutige Gebietszugehörigkeit	Seiten
Konotop / Конотоп	Конотоп, Сумска область, Україна	Gebiet Sumi, Ukraine	59
Konstantynów		wjw. Łódźkie	44
Kornewo / Корнево	Zinten, Ostpreußen	Kaliningrader Gebiet, RUS	36
Köslin, Pommern	Koszalin	wjw. Zachodniopomorskie	35, 39
Koszalin	Köslin, Pommern	wjw. Zachodniopomorskie	35, 39
Kowary	Schmiedeberg, Niederschlesien	wjw. Dolnoslaskie	39
Krasnołąka	Schönwiese, Ostpreußen	wjw. Warmińsko-Mazurskie	36
Kreuzburg, Ostpreußen	Slawskoje / Славское	Kaliningrader Gebiet, RUS	36
Ksawerów		wjw. Łódźkie	44
Kuligi	Kulingen, Ostpreußen	wjw. Warmińsko-Mazurskie	39
Kulingen, Ostpreußen	Kuligi	wjw. Warmińsko-Mazurskie	39
Kutno		wjw. Łódźkie	43
Lądek-Zdrój	(Bad) Landeck, Niederschlesien	wjw. Dolnoslaskie	36
Landeck (Bad), Niederschlesien	Lądek-Zdrój	wjw. Dolnoslaskie	36
Landeshut, Niederschlesien	Kamienna Góra	wjw. Dolnoslaskie	36, 39
Landsberg a. d. Warthe, Brandenburg, (Neumark)	Gorzów Wielkopolski	wjw. Lubuskie	38
Landsberg, Ostpreußen	Górowo Iławeckie	wjw. Warmińsko-Mazurskie	36
Łask		wjw. Łódźkie	50
Lauban, Niederschlesien	Lubań	wjw. Dolnoslaskie	36
Legnica	Liegnitz, Niederschlesien	wjw. Dolnoslaskie	36
Lewin Brzeski	Löwen, Niederschlesien	wjw. Opolskie	40
Liegnitz, Niederschlesien	Legnica	wjw. Dolnoslaskie	36
Lipno		wjw. Kujawsko-Pomorskie	54, 55

Ort / Region	anderssprachige heutige bzw. frühere deutsche Bezeichnung	heutige Gebietszugehörigkeit	Seiten
Nowe Miasto		wjw. Mazowieckie	49
Nowowasiljewka / Нововасилівка	Нововасилівка, Запоріжка область, Україна	Gebiet Saporishshja, Ukraine	59
Nowy Mińsk		wjw. Mazowieckie	49
Olsztyn	Allenstein, Ostpreußen	wjw. Warmińsko-Mazurskie	36, 40
Opole	Oppeln, Oberschlesien	wjw. Opolskie	40
Oppeln, Oberschlesien	Opole	wjw. Opolskie	40
Ortelsburg, Ostpreußen	Szczytno	wjw. Warmińsko-Mazurskie	35
Ossówka		wjw. Kujawsko-Pomorskie	54
Otwock		wjw. Mazowieckie	49
Pabianice	Pabianitz	wjw. Łódźkie	45, 49, 53
Pabianitz	Pabianice	wjw. Łódźkie	45, 49, 53
Piaseczno		wjw. Mazowieckie	42
Piotrków		wjw. Łódźkie	45
Piotrków Trybunalski		wjw. Łódźkie	50
Pjatidoroshnoje / Пятидорожное	Bladiau, Ostpreußen	Kaliningrader Gebiet, RUS	36
Plock		wjw. Mazowieckie	51, 52, 56
Pobethen, Ostpreußen	Romanowo / Романово	Kaliningrader Gebiet, RUS	36
Pogorzel		wjw. Mazowieckie	43
Polen			57
Pommern	Pomorze		42
Pomorze	Pommern		42
Posen, Provinz Posen	Poznan		36, 40
Poznan	Posen, Provinz Posen		36, 40
Preußen (Königreich)			58
Preußisch Friedland, Westpreußen	Debrzno	wjw. Pomorskie	36

Ort / Region	anderssprachige heutige bzw. frühere deutsche Bezeichnung	heutige Gebietszugehörigkeit	Seiten
Preußisch Stargard, Westpreußen	Starogard Gdański	wjw. Pomorskie	38
Proboszczowice		wjw. Łódźkie	45
Raciąż		wjw. Mazowieckie	49
Radosc		wjw. Mazowieckie	54
Ragnit, Ostpreußen	Njeman / Неман	Kaliningrader Gebiet, RUS	36
Recz	Reetz, Neumark	wjw. Zachodniopomorskie	40
Reetz, Brandenburg (Neumark)	Recz	wjw. Zachodniopomorskie	40
Romanowo / Романово	Pobethen, Ostpreußen	Kaliningrader Gebiet, RUS	36
Rosenberg, Westpreußen	Susz	wjw. Warmiñsko-Mazurskie	35
Rositten, Ostpreußen	*[Kr. Preußisch Eylau, im heutigen Grenzgebiet PL / RUS]*		36
Ruda		wjw. Lubelskie	48
Rummelsburg, Pommern	Miastko	wjw. Pomorskie	36
Rummy, Ostpreußen	Rumy	wjw. Warmiñsko-Mazurskie	36
Rumy	Rummy, Ostpreußen	wjw. Warmiñsko-Mazurskie	36
Rypin		wjw. Kujawsko-Pomorskie	54, 55
Saalfeld, Ostpreußen	Zalewo	wjw. Warmiñsko-Mazurskie	36
Saowrashnoje / Заовражное	Schwägerau, Ostpreußen	Kaliningrader Gebiet, RUS	36
Schippenbeil, Ostpreußen	Sępopol	wjw. Warmiñsko-Mazurskie	35
Schmiedeberg, Niederschlesien	Kowary	wjw. Dolnoslaskie	39
Schönwiese, Ostpreußen	Krasnołąka	wjw. Warmiñsko-Mazurskie	36

Ort / Region	anderssprachige heutige bzw. frühere deutsche Bezeichnung	heutige Gebietszugehörigkeit	Seiten
Schwägerau, Ostpreußen	Saowrashnoje / Заовражное	Kaliningrader Gebiet, RUS	36
Sensburg, Ostpreußen	Mragowo	wjw. Warmiñsko-Mazurskie	40
Sępólno Krajeńskie	Zempelburg, Westpreußen	wjw. Kujawsko-Pomorskie	41
Sępopol	Schippenbeil, Ostpreußen	wjw. Warmiñsko-Mazurskie	35
Sianów	Zanow, Pommern	wjw. Zachodniopomor-skie	35, 39
Sichelberg, poln. Provinz Warschau	Sierpc	wjw. Mazowieckie	52, 56
Sierpc	Sichelberg	wjw. Mazowieckie	52, 56
Skelki / Скельки	Скельки, Запоріжжа область, Україна	Gebiet Saporishshja, Ukraine	59
Slawskoje / Славское	Kreuzburg, Ostpreußen	Kaliningrader Gebiet, RUS	36
Sokola	Falkenberg, Niederschlesien	wjw. Dolnoslaskie	36
Sprindt, Ostpreußen	[bei Insterburg / Черняховск]	Kaliningrader Gebiet, RUS	36
Starogard Gdański	Preußisch Stargard, West-preußen	wjw. Pomorskie	38
Stettin, Pommern	Szczecin	wjw. Zachodniopomor-skie	34, 40
Stolzenberg, Ostpreußen	*[Kr. Heiligenbeil, im heutigen Grenzgebiet PL / RUS]*		36
Stuhm, Westpreußen	Sztum	wjw. Pomorskie	38
Susz	Rosenberg, Westpreußen	wjw. Warmiñsko-Mazurskie	35
Świebodzice	Freiburg, Niederschlesien	wjw. Dolnoslaskie	36
Szczecin	Stettin, Pommern	wjw. Zachodniopomor-skie	34, 40
Szczytno	Ortelsburg, Ostpreußen	wjw. Warmiñsko-Mazurskie	35
Szekszárd		Tolna Megye, Ungarn	61
Sztum	Stuhm, Westpreußen	wjw. Pomorskie	38
Szydłów		wjw. Łódźkie	51, 57

Ort / Region	anderssprachige heutige bzw. frühere deutsche Bezeichnung	heutige Gebietszugehörigkeit	Seiten
Tawrida / Таврида, jetzt Skelki	Таврида, Запоріжка область, Україна	Gebiet Saporishshja, Ukraine	59
Tczew	Dirschau, Westpreußen	wjw. Pomorskie	36, 37, 42
Thorn, Westpreußen	Torun	wjw. Kujawsko-Pomorskie	40, 42, 52
Tiefenbach, poln. Provinz Warschau	Nowe Boryszewo	wjw. Mazowieckie	56
Tomaszów		wjw. Łódźkie	45
Tomaszów Mazowieckie		wjw. Mazowieckie	46
Torun	Thorn, Westpreußen	wjw. Kujawsko-Pomorskie	40, 42, 52
Trachenberg, Niederschlesien	Żmigród	wjw. Dolnoslaskie	56
Tschernjachowsk / Черняховск	Sprindt, Ostpreußen *bei Insterburg (Черняховск)*	Kaliningrader Gebiet, RUS	36
Tschernyschewskoje / Чернышевское	Eydtkuhnen, Ostpreußen	Kaliningrader Gebiet, RUS	36
Tuchel, Westpreußen	Tuchola	wjw. Kujawsko-Pomorskie	41
Tuchola	Tuchel, Westpreußen	wjw. Kujawsko-Pomorskie	41
Turek		wjw. Wielkopolskie	43. 45
Tuszyn		wjw. Łódźkie	45, 51, 57
Uniejów		wjw. Łódźkie	46
Voigtsdorf, Niederschlesien	Wojcieszyce	wjw. Dolnoslaskie	36
Walcz	Deutsch Krone, Westpreußen	wjw. Zachodniopomorskie	39
Wałbrzych	Waldenburg, Niederschlesien	wjw. Dolnoslaskie	36
Waldenburg, Niederschlesien	Wałbrzych	wjw. Dolnoslaskie	36
Warszawa	Warschau	wjw. Mazowieckie	52, 53, 54–55